Ausmalen und gestalten ™

Malbuch mit geometrischen Formen und Mustern
Vol. 1

Testseite für Ihre Stifte

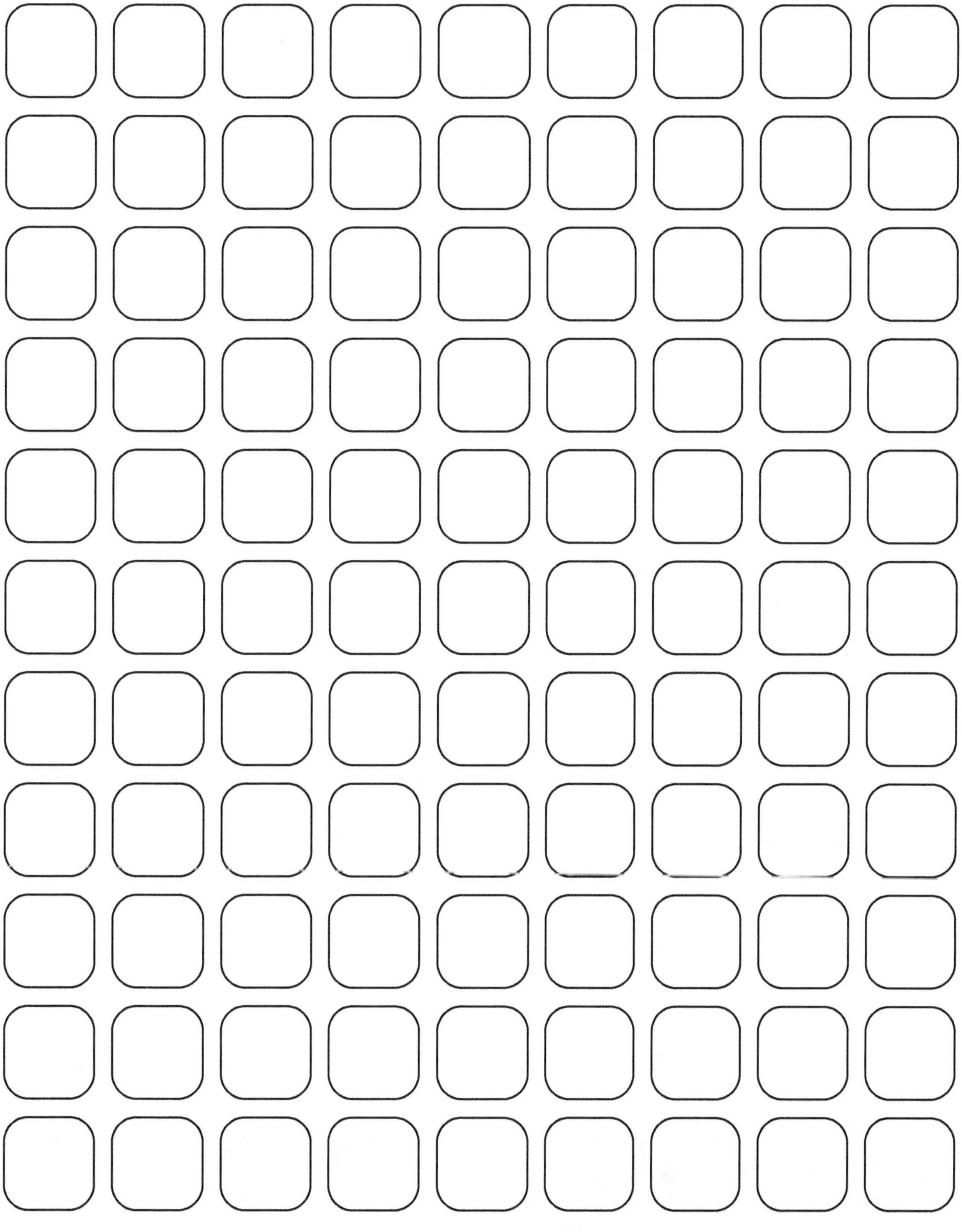

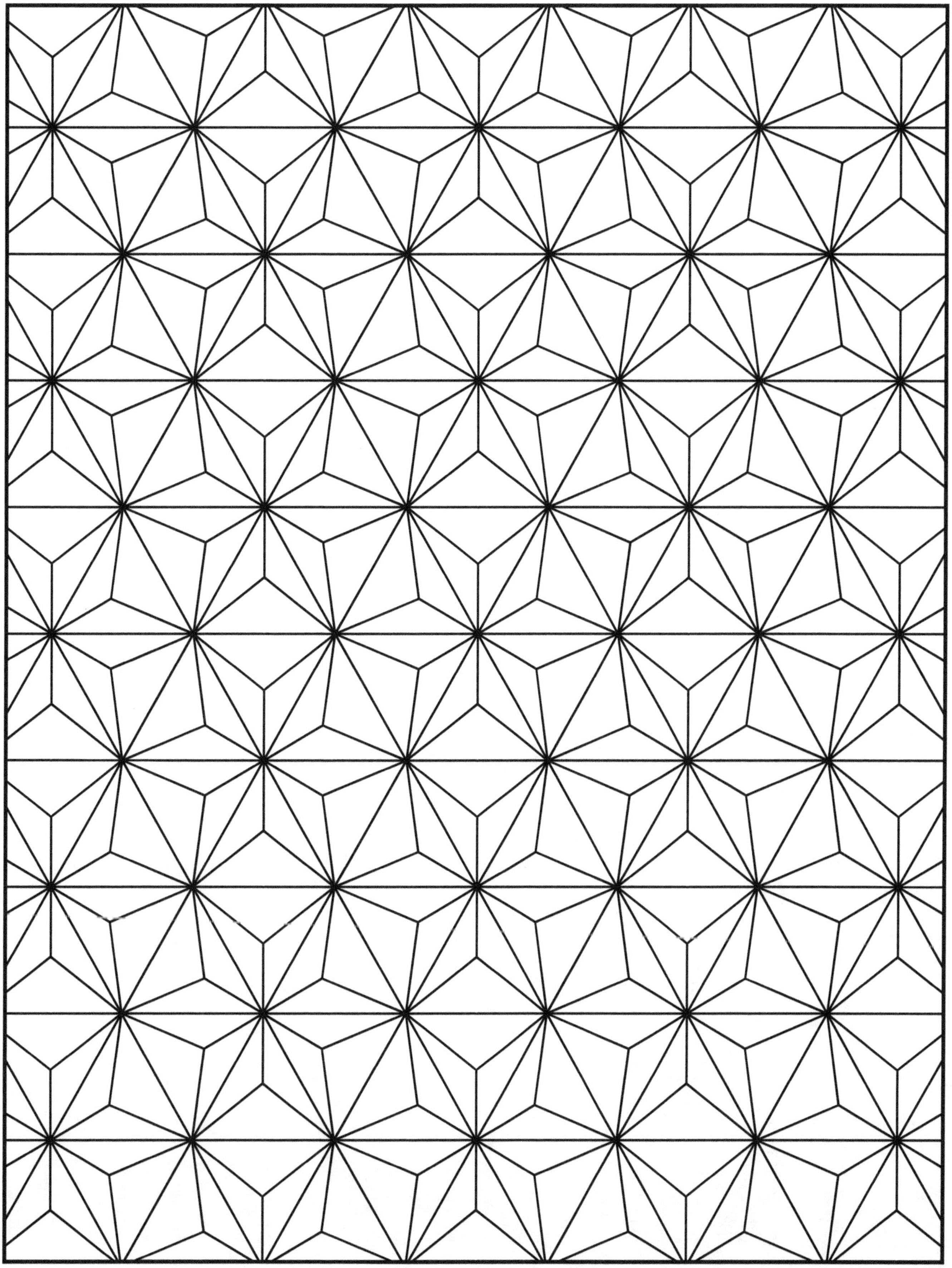

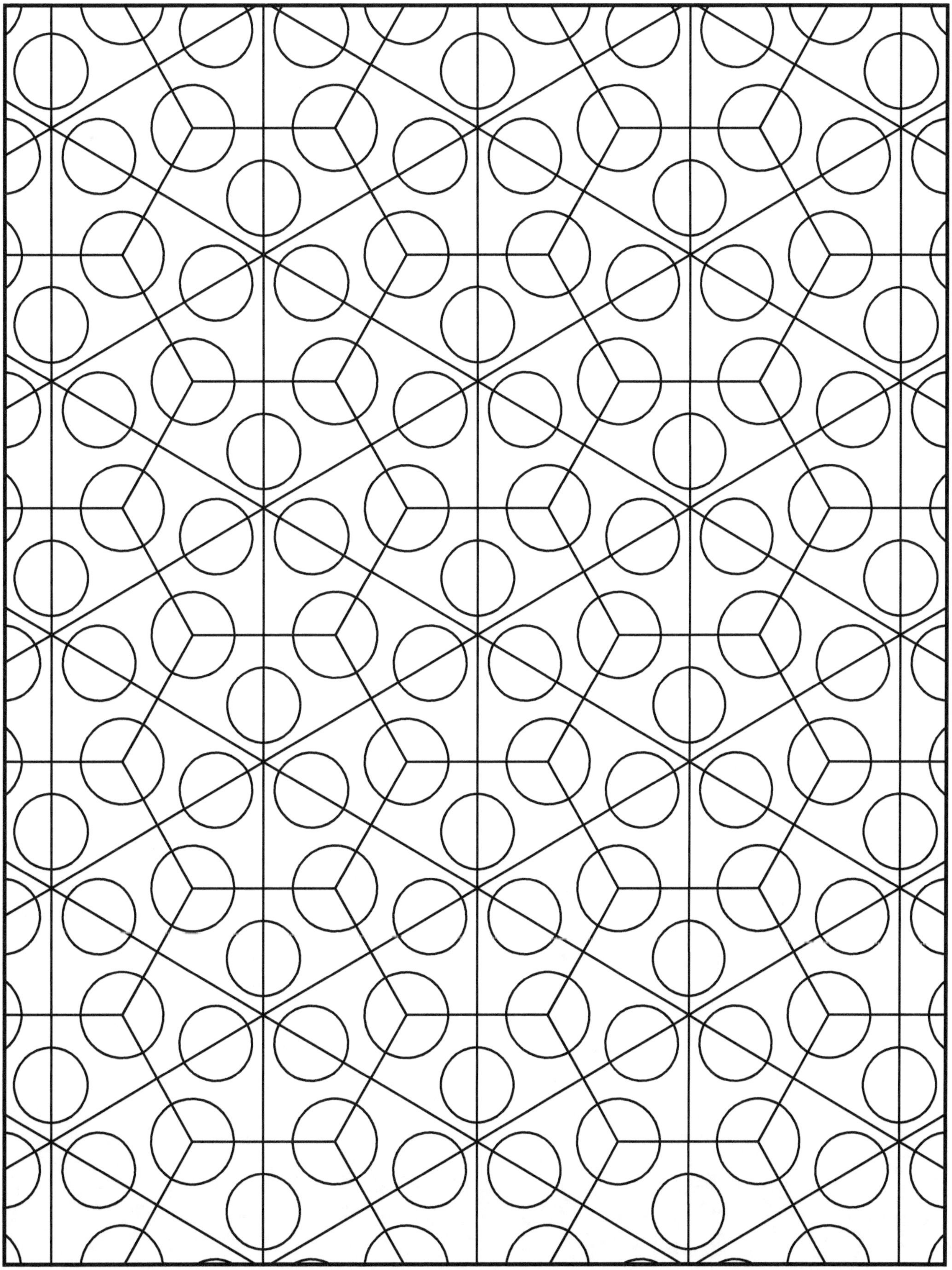

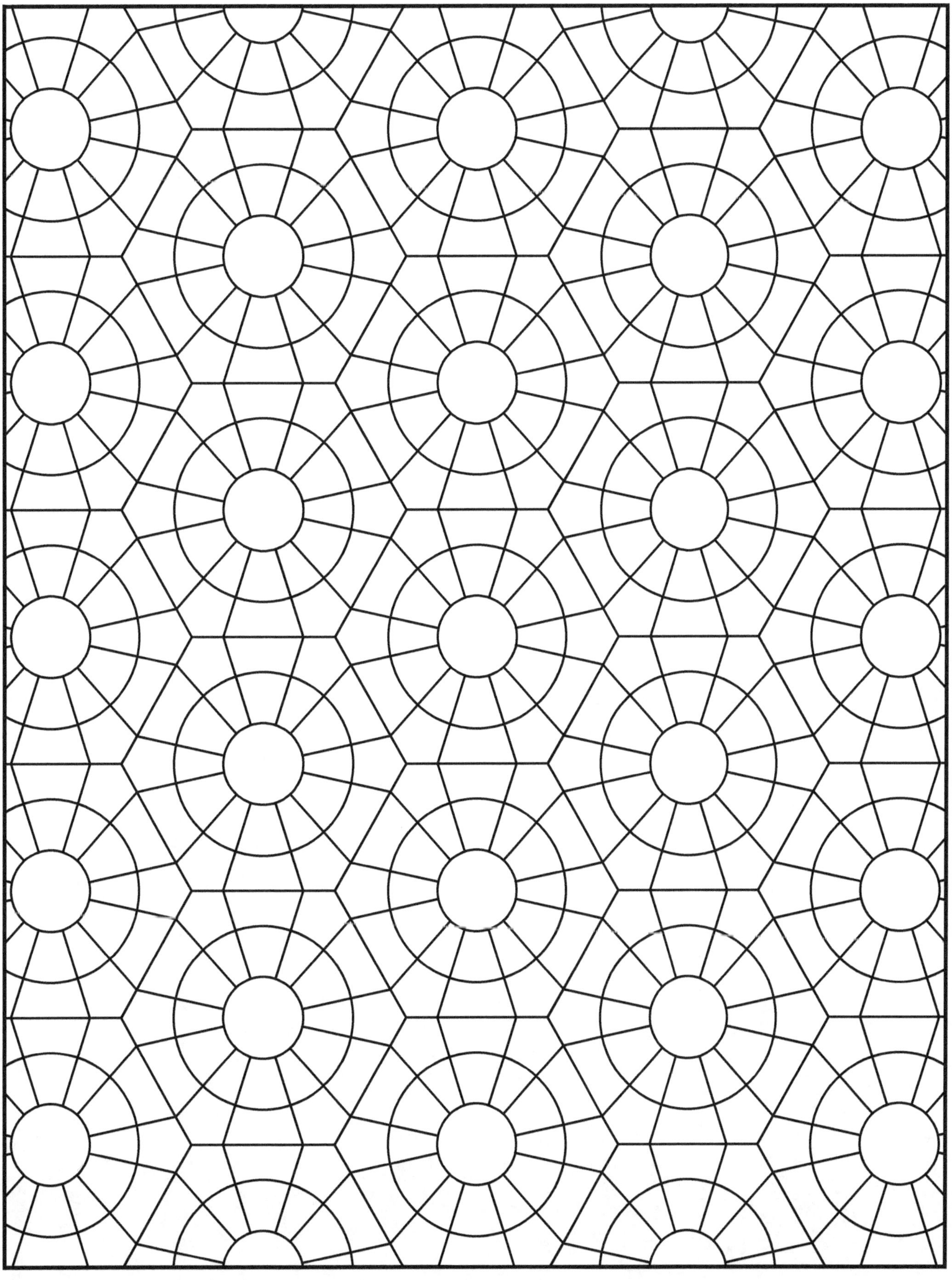

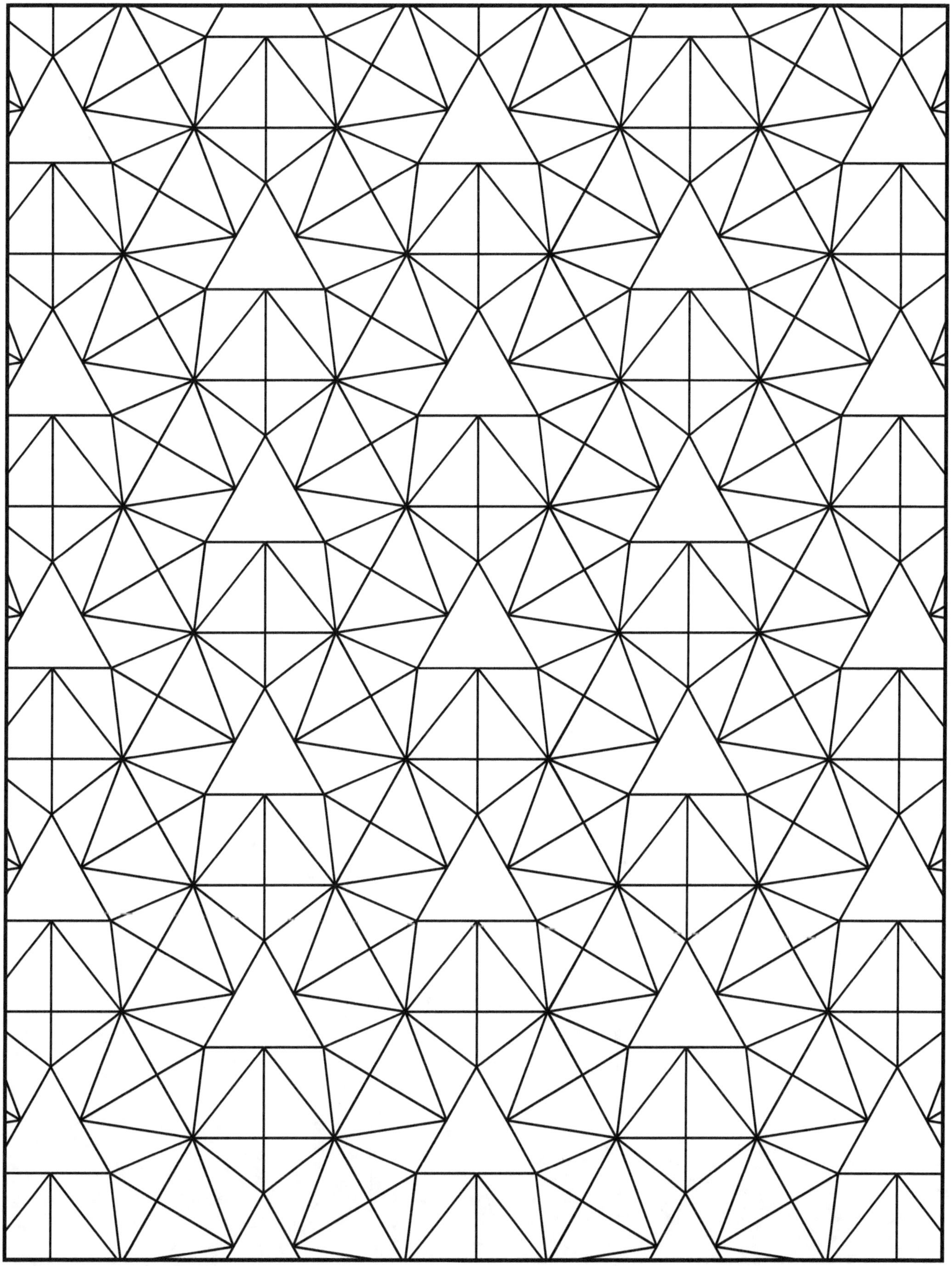

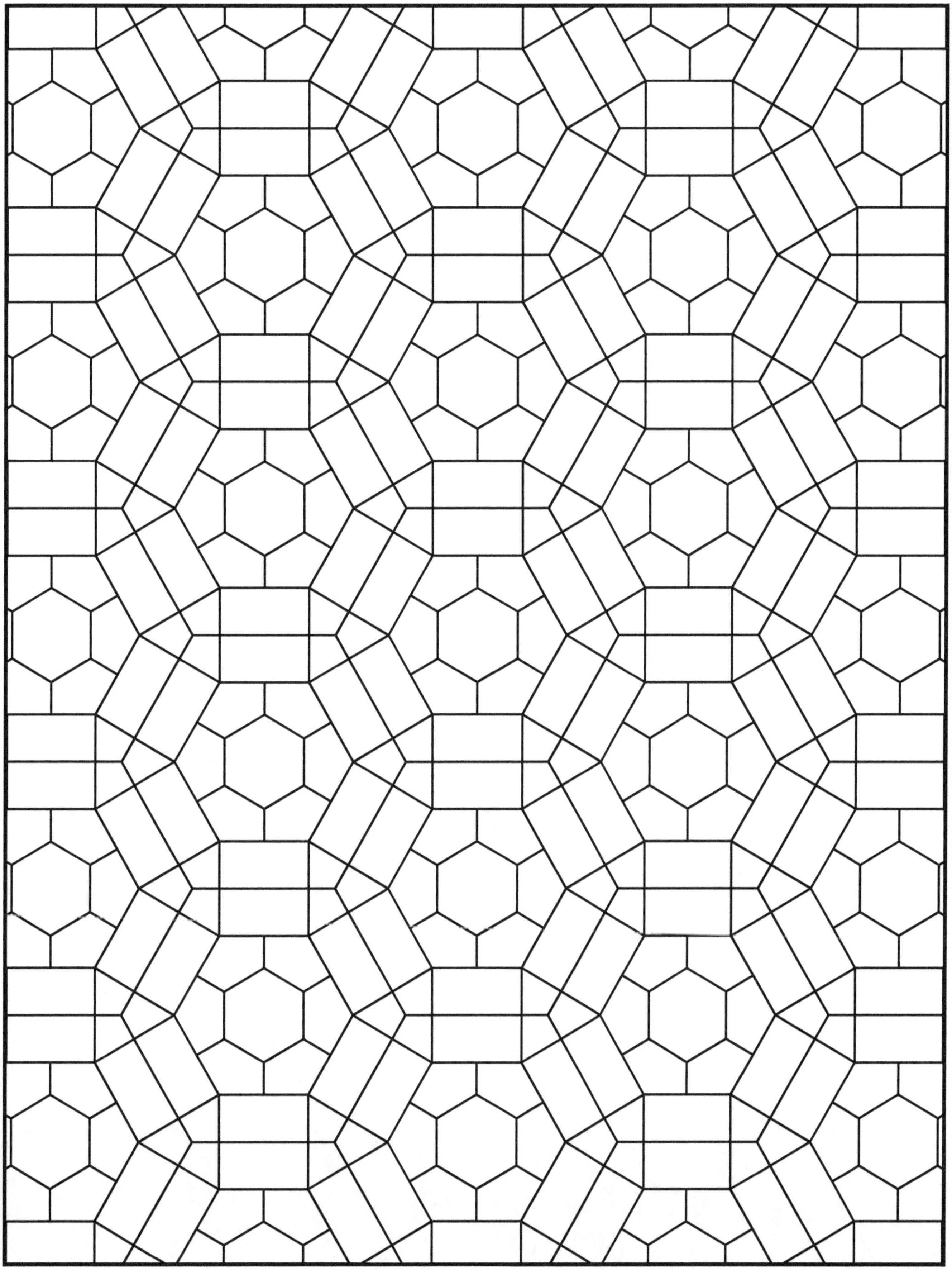

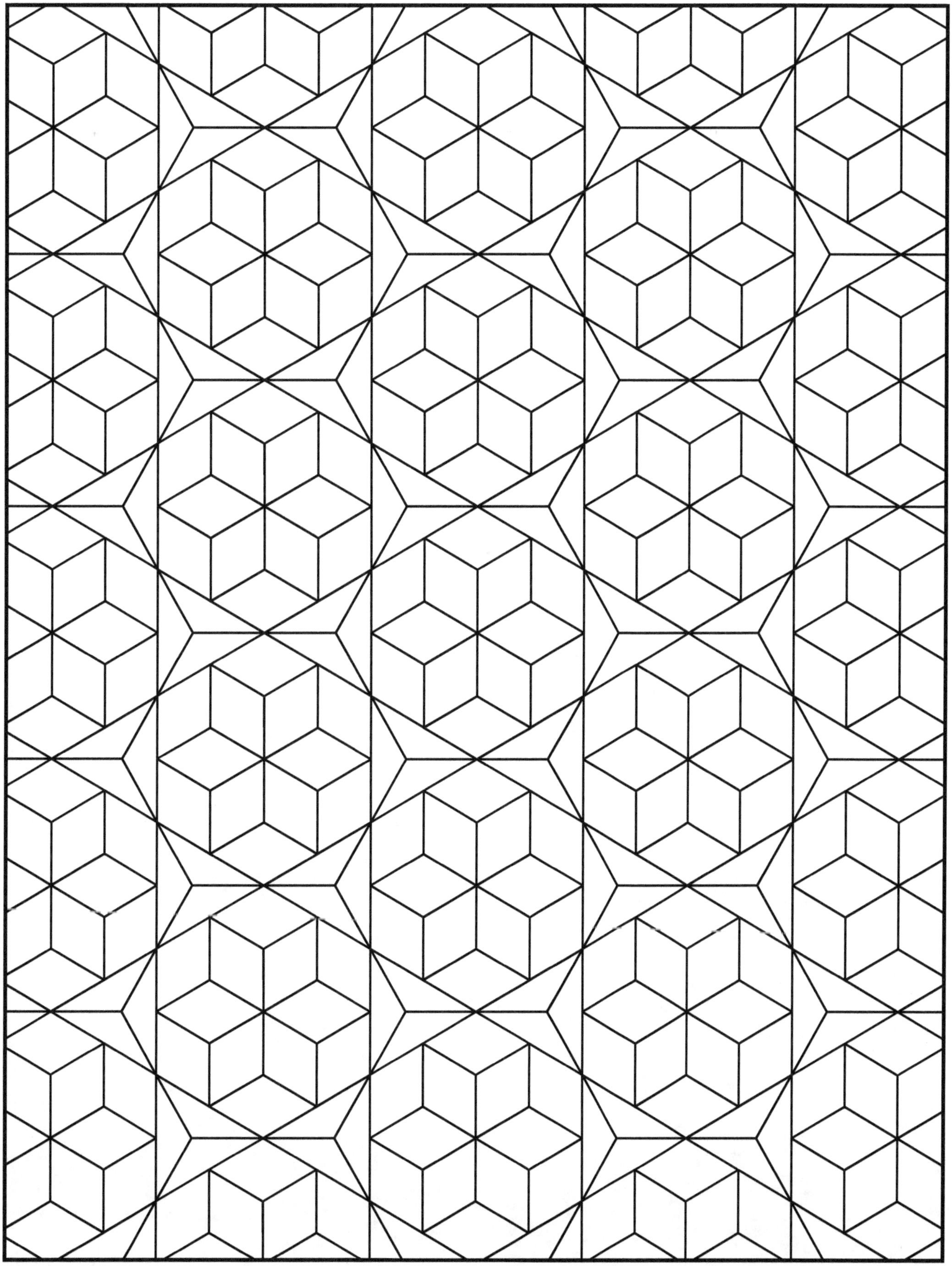

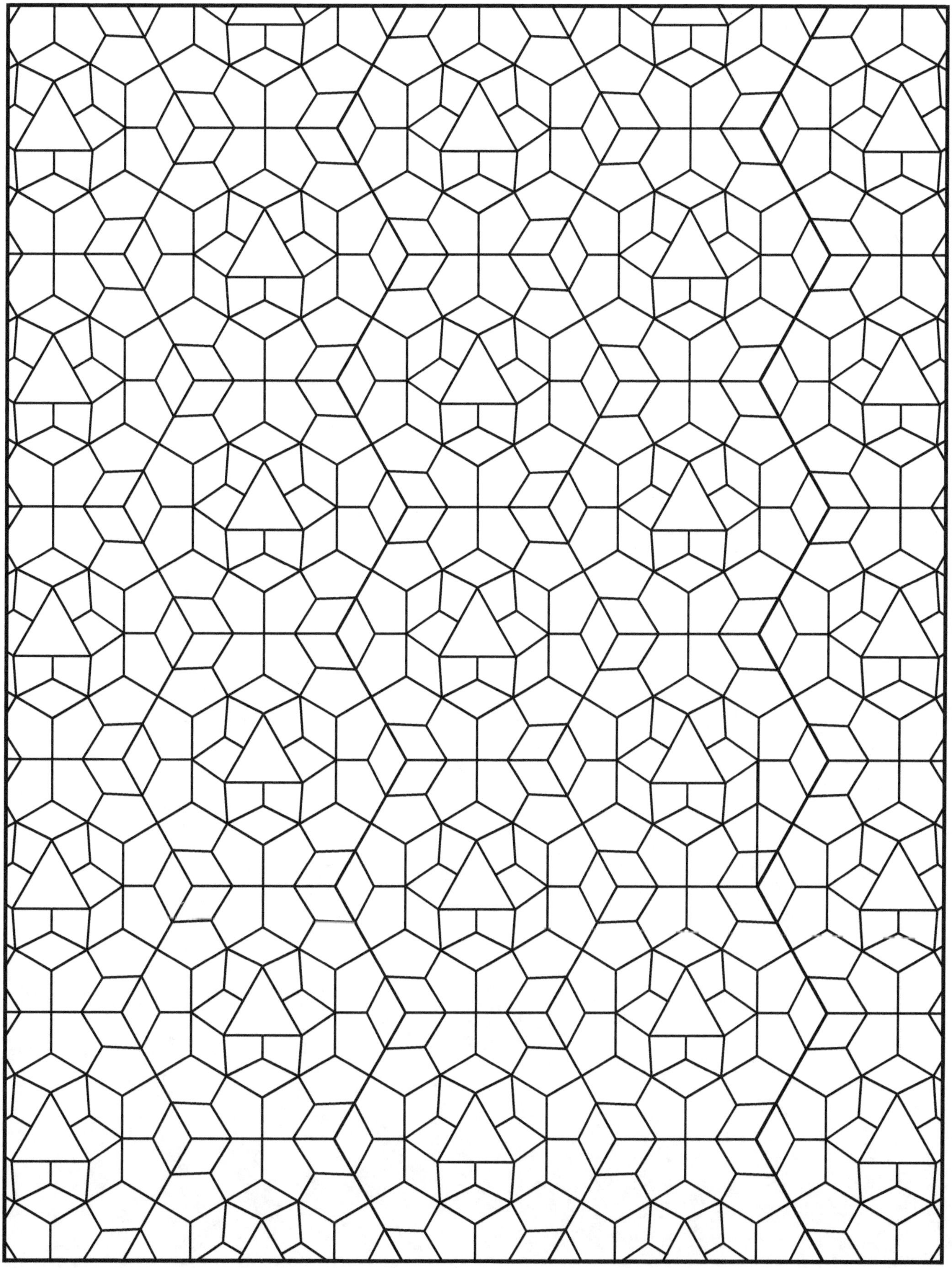

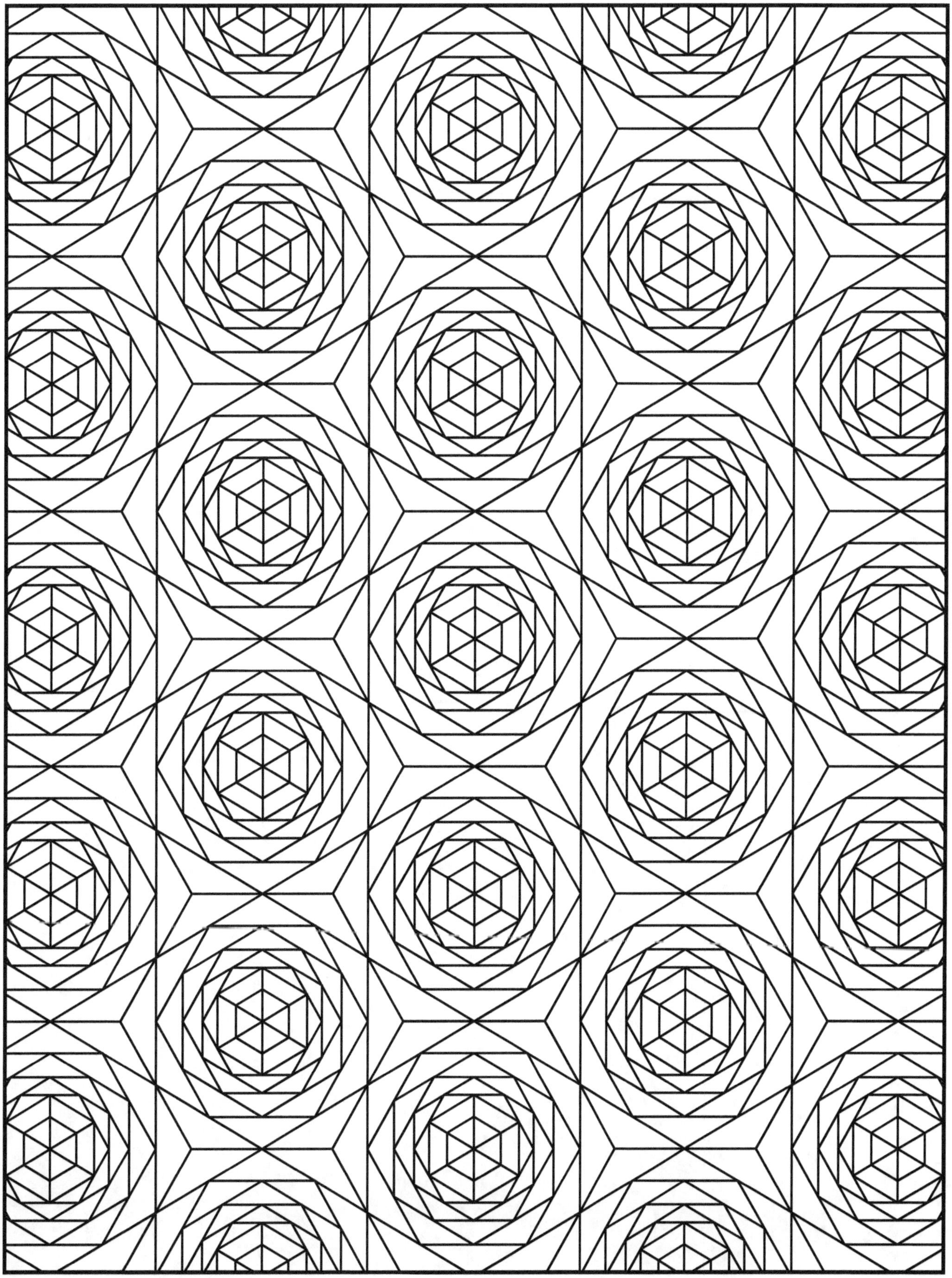

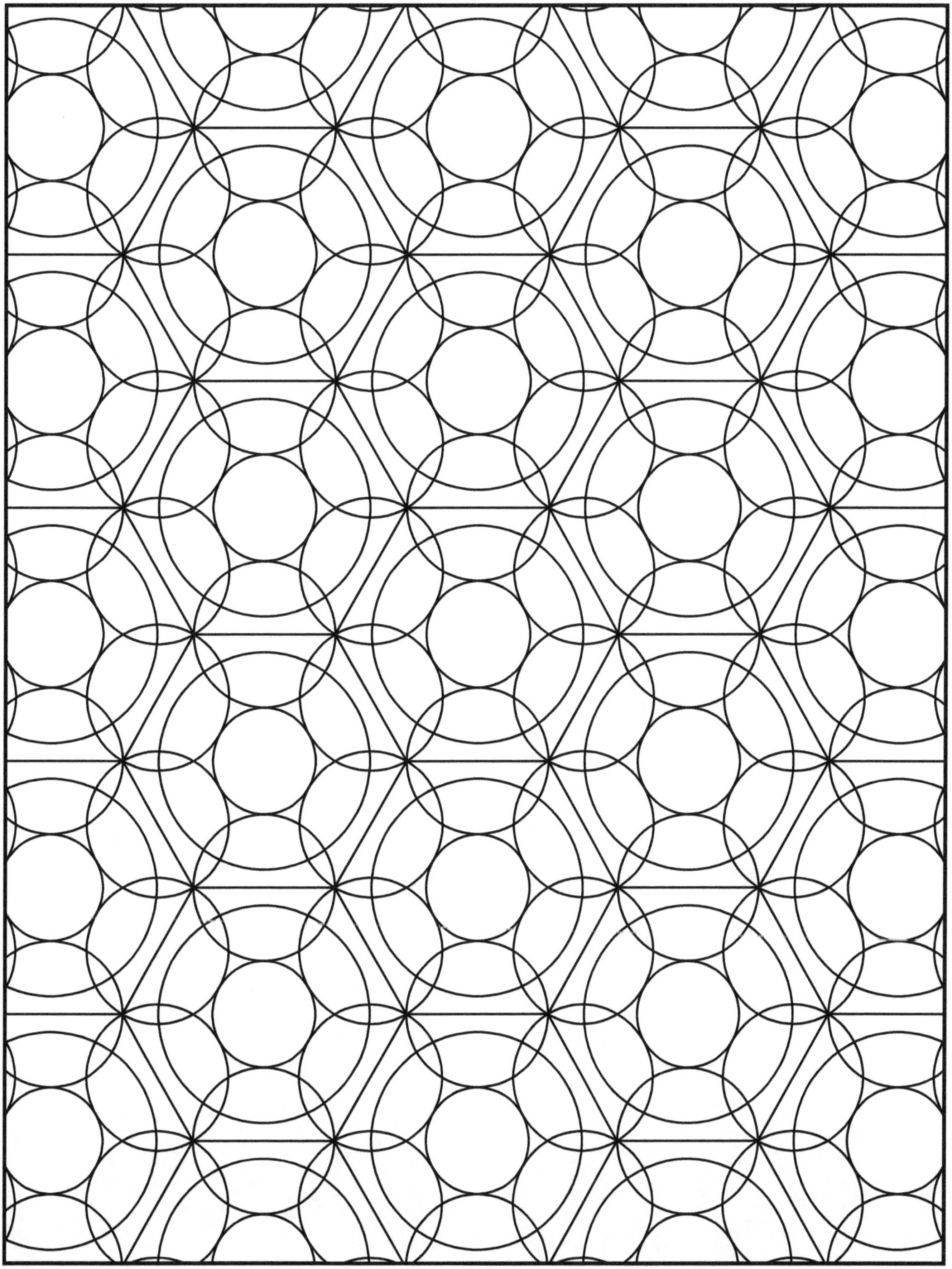

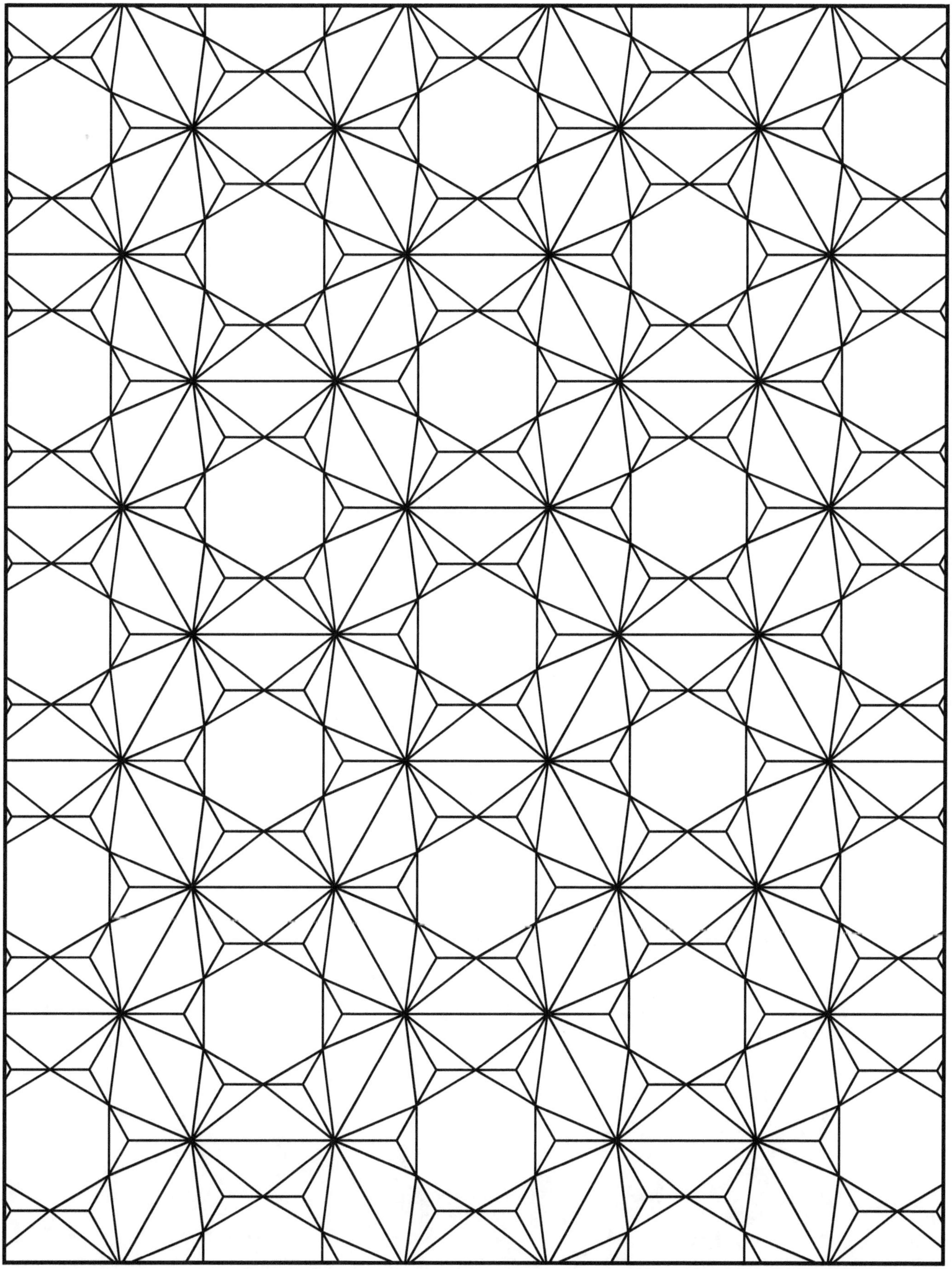

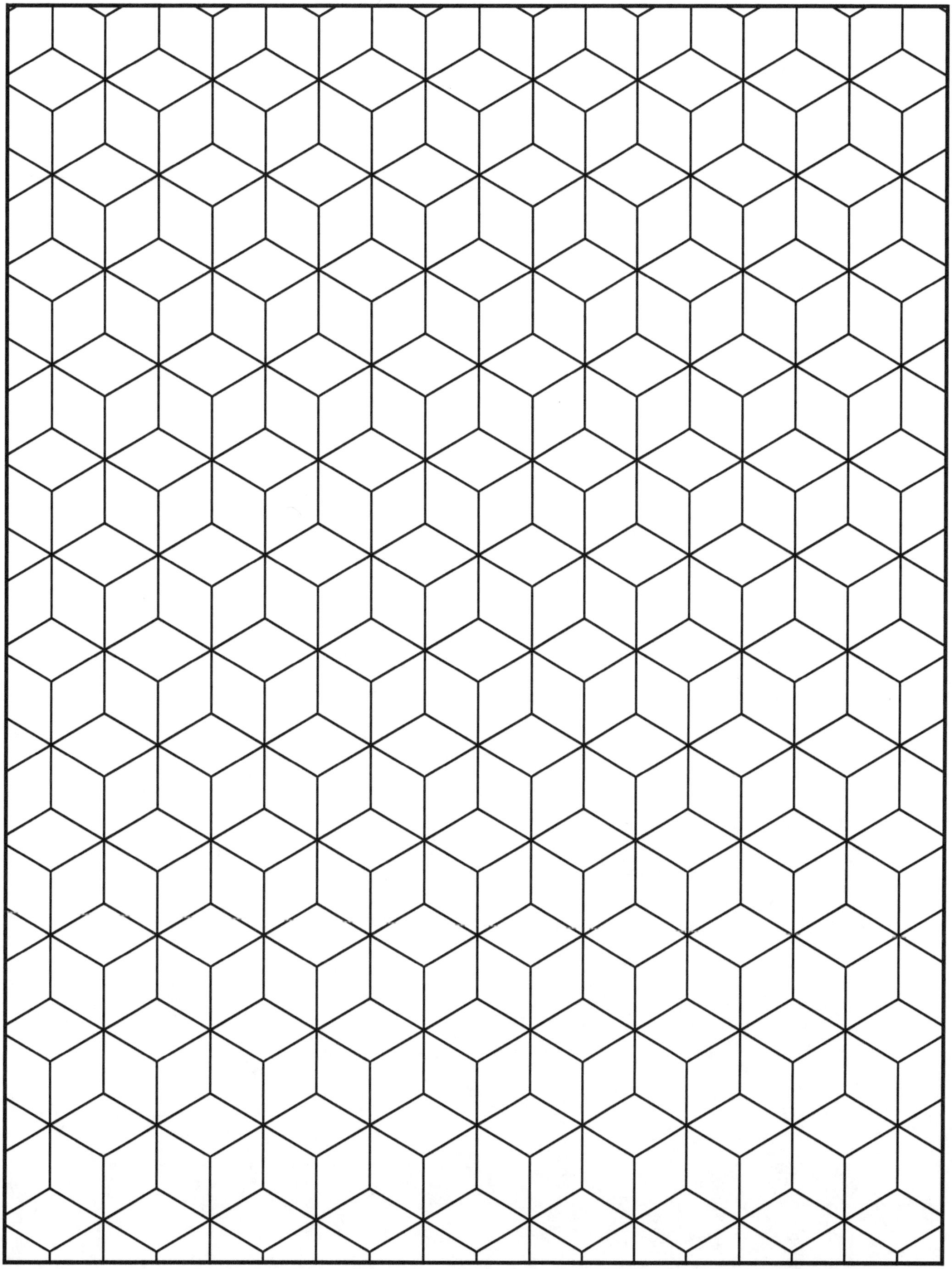

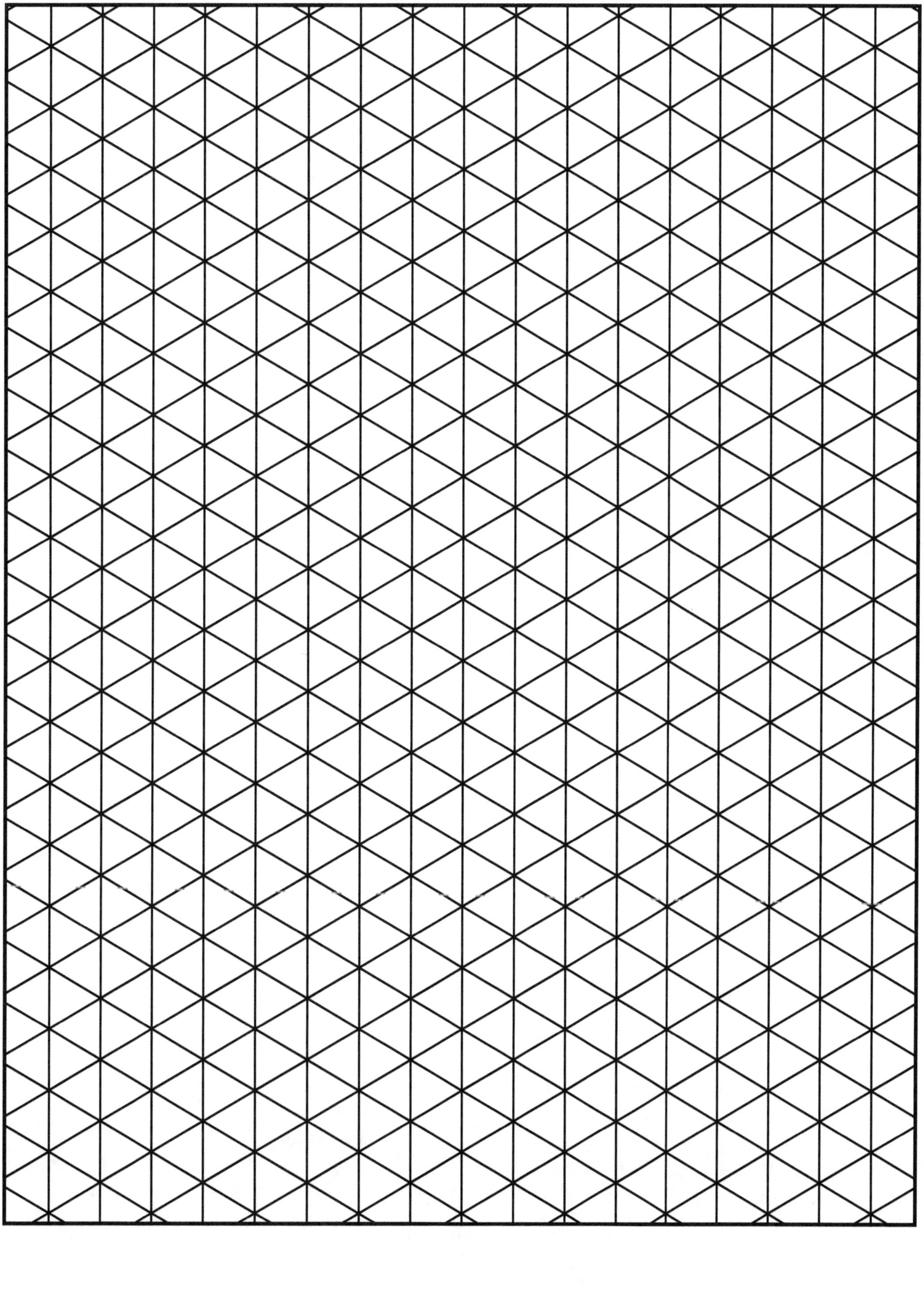

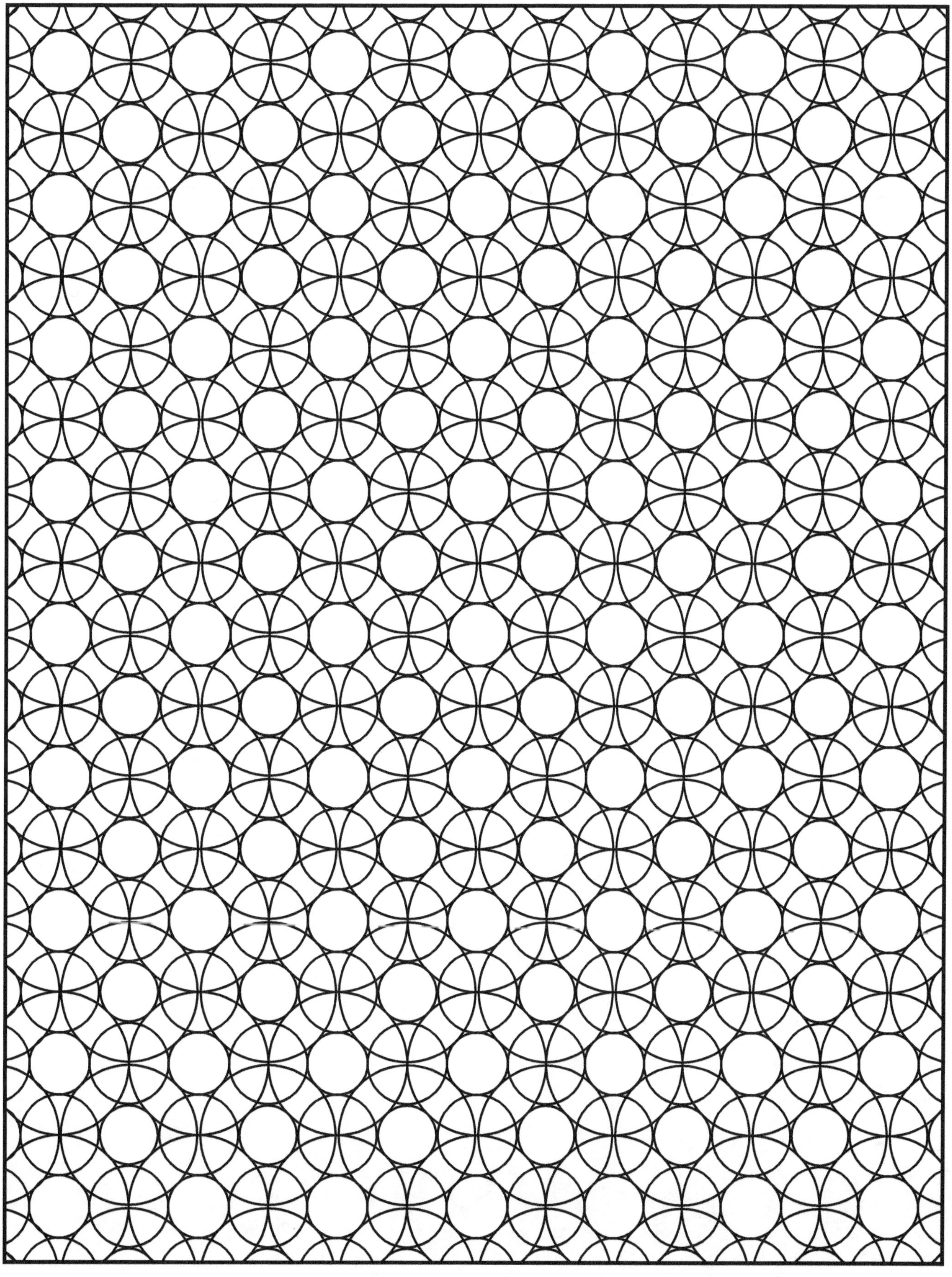

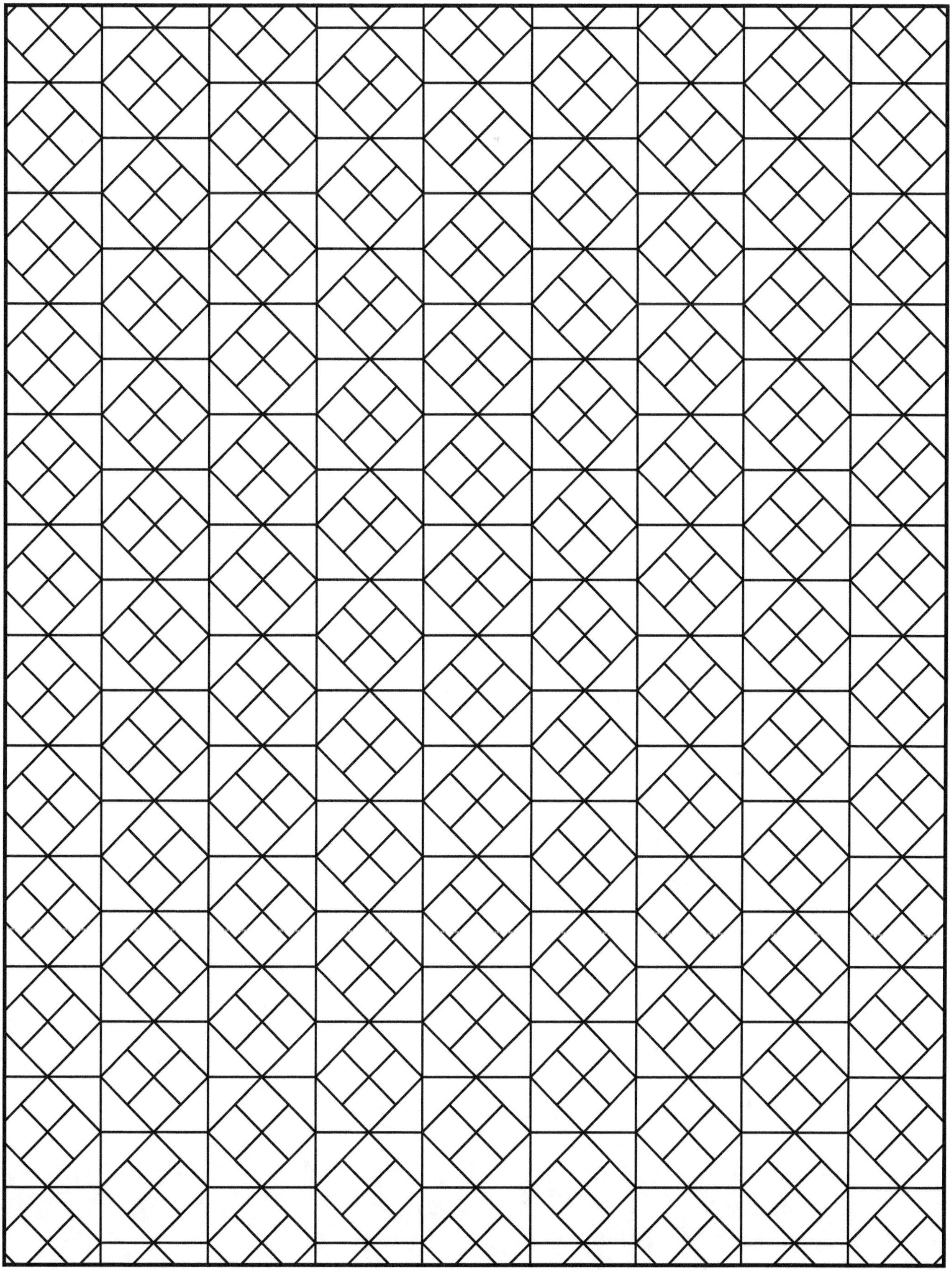

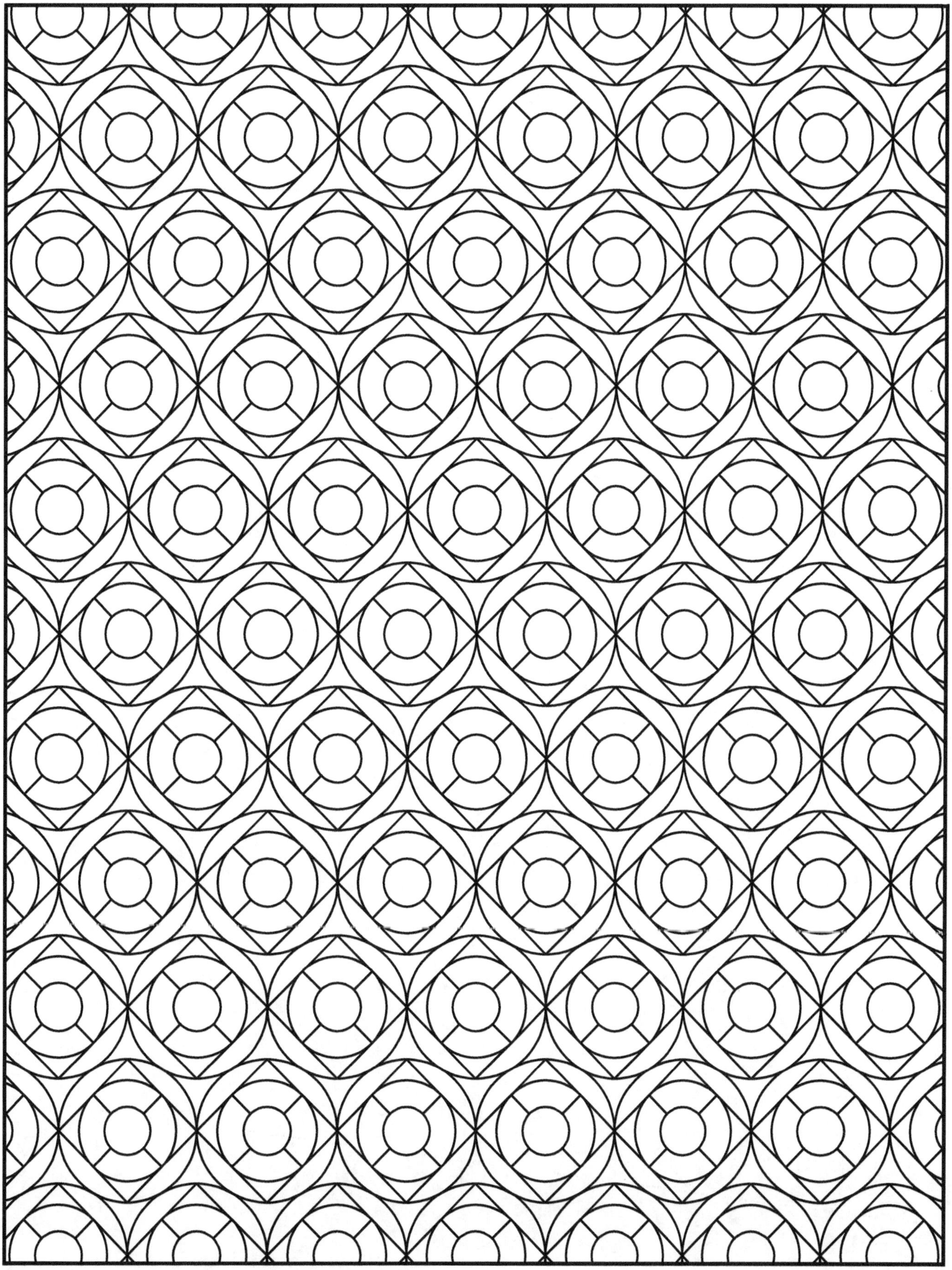

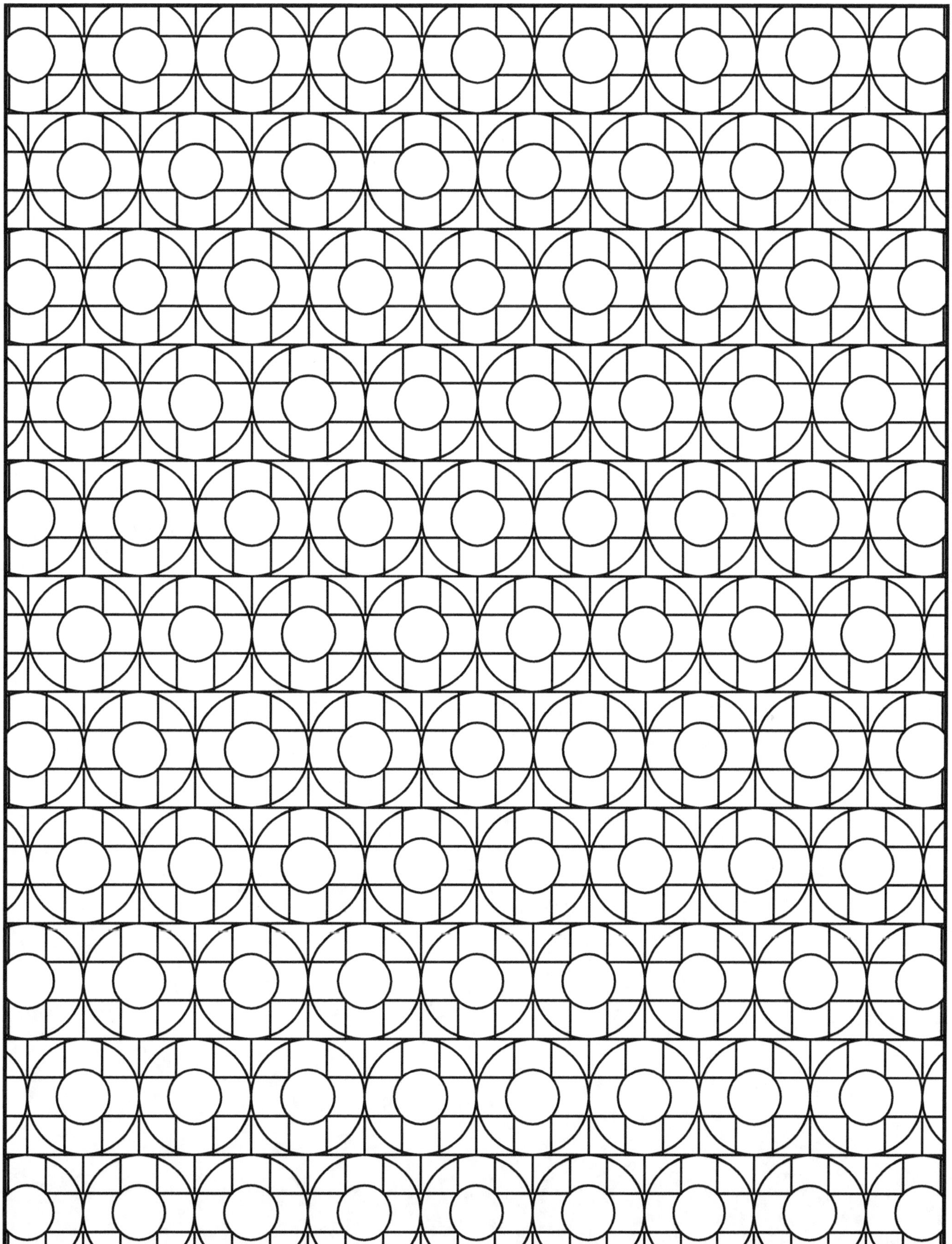

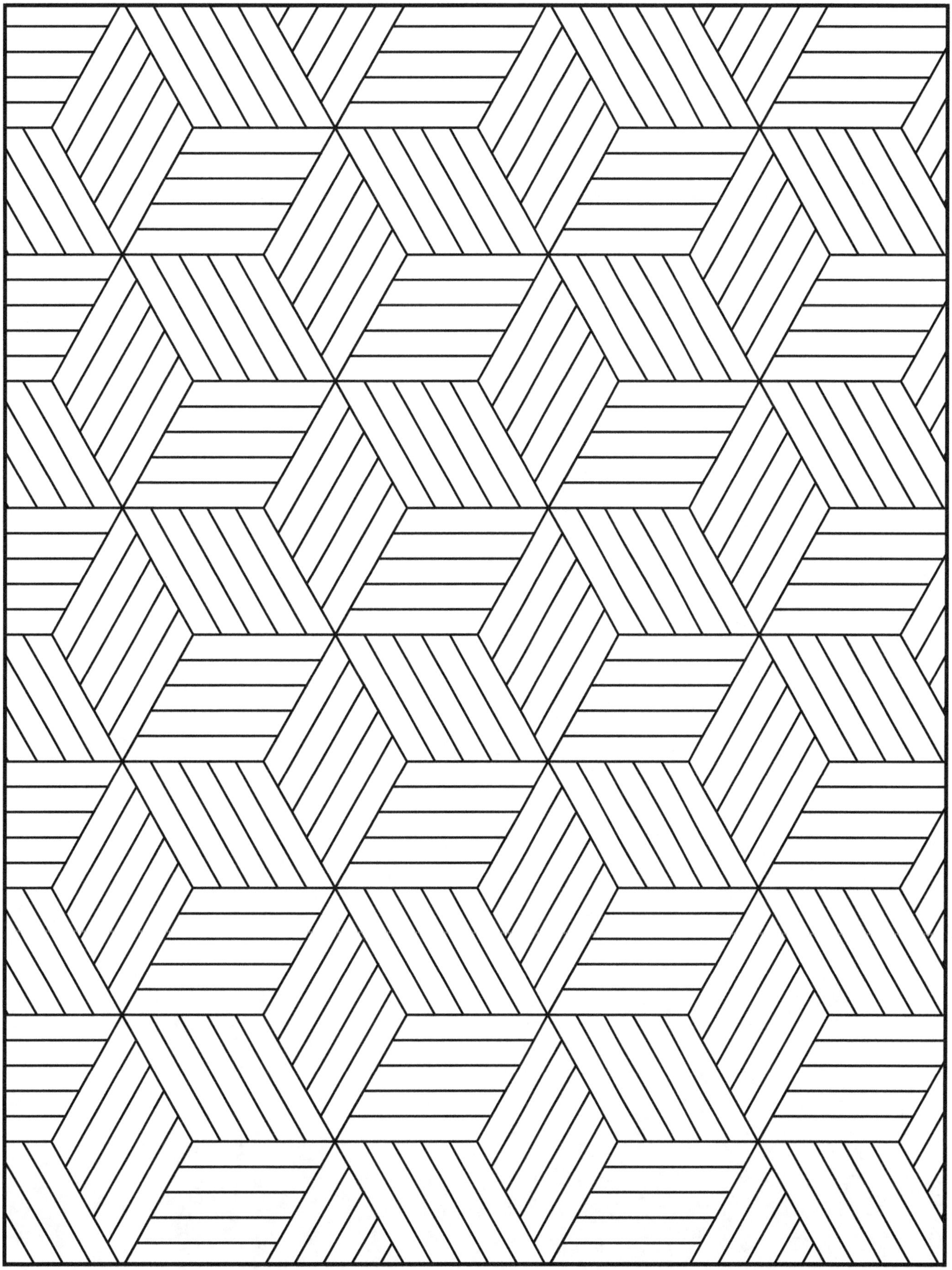

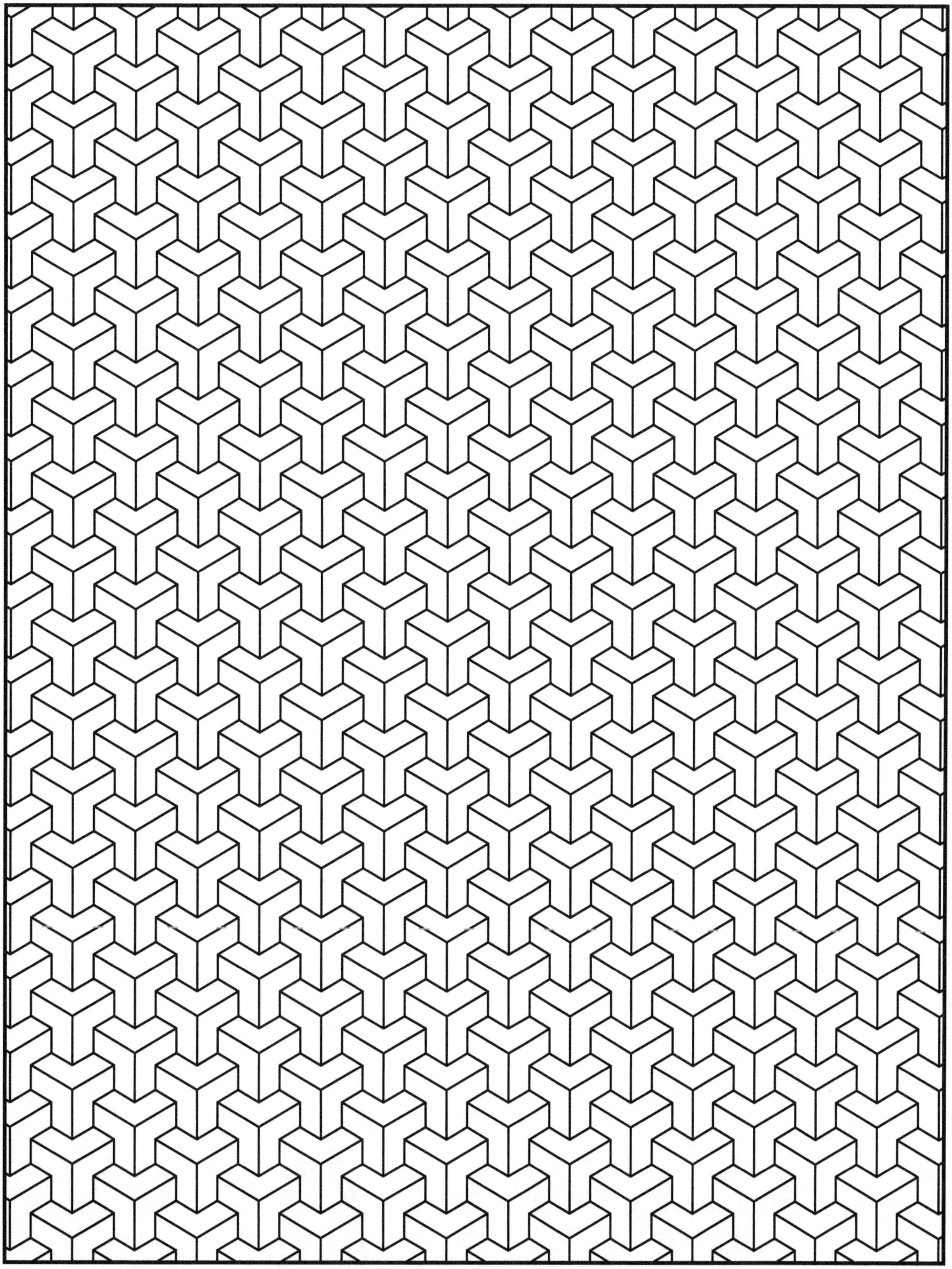

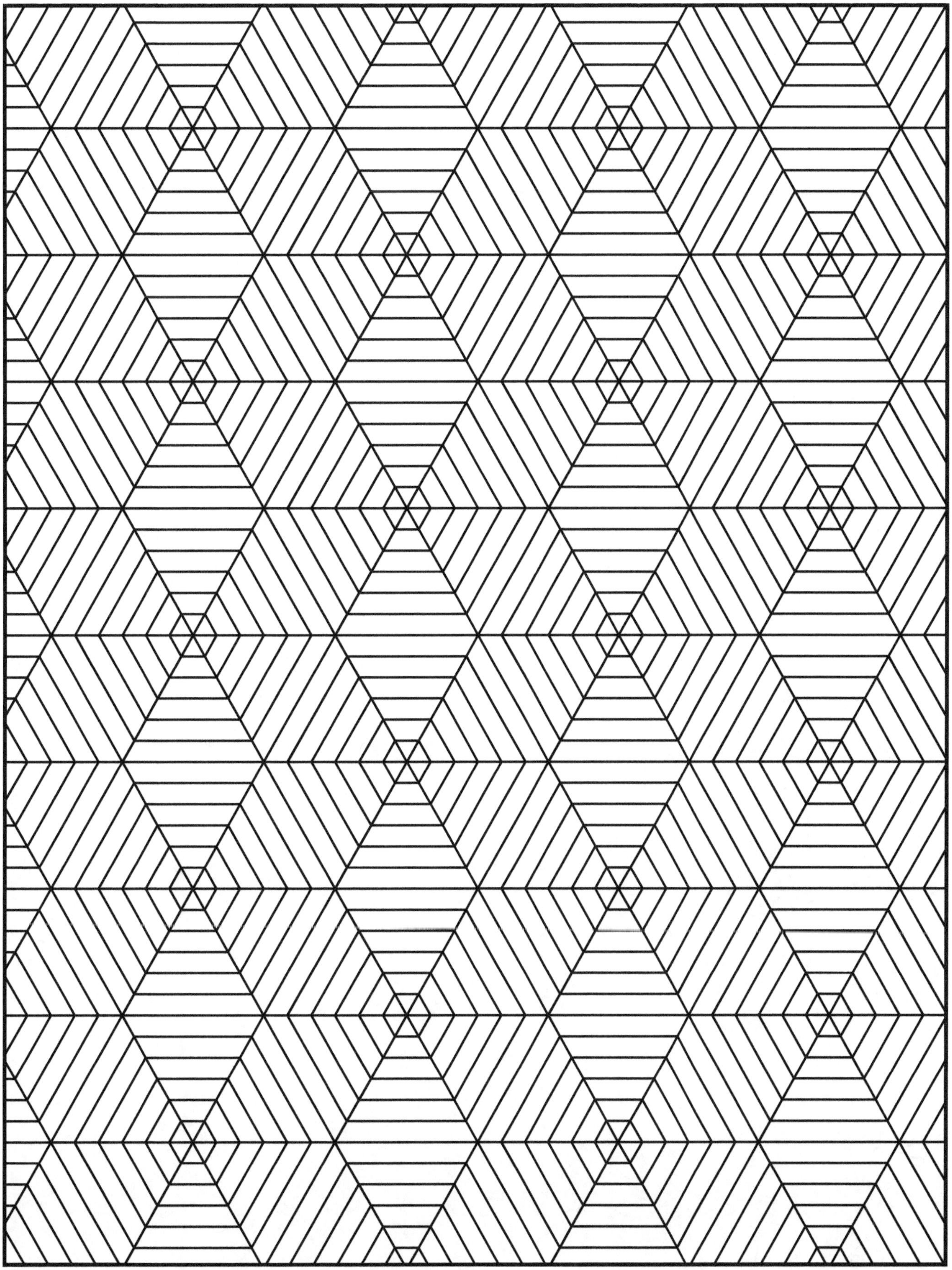

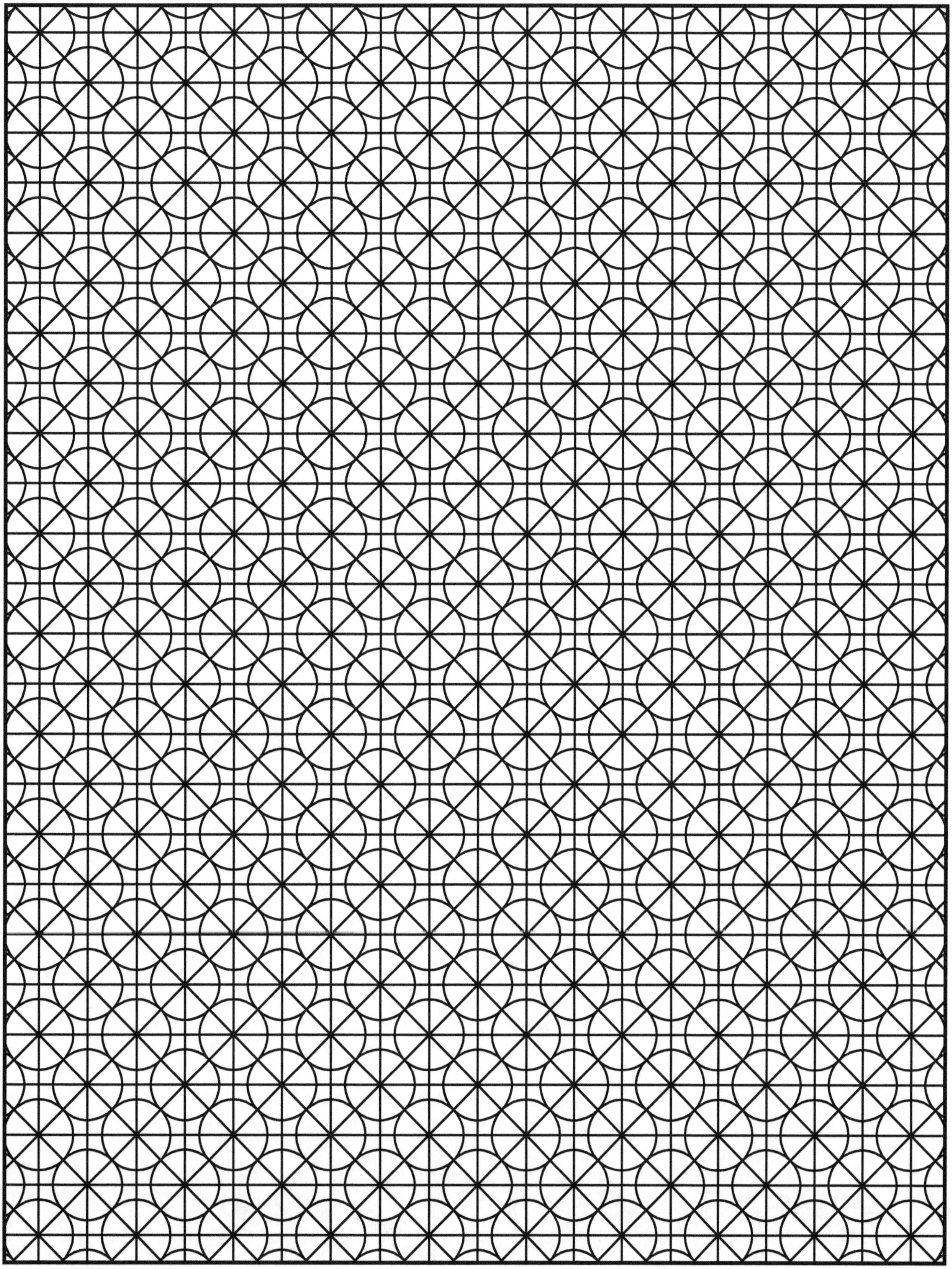

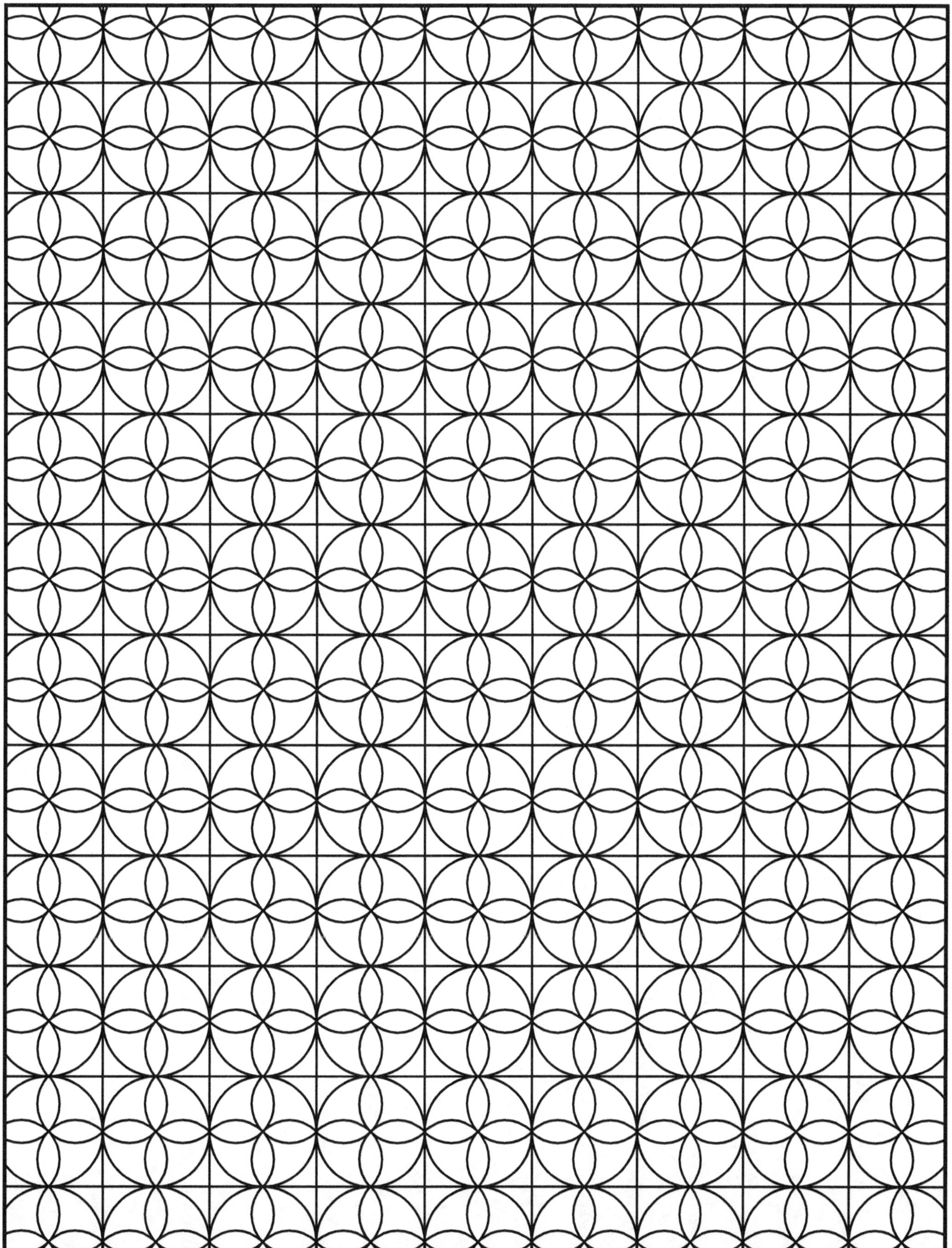

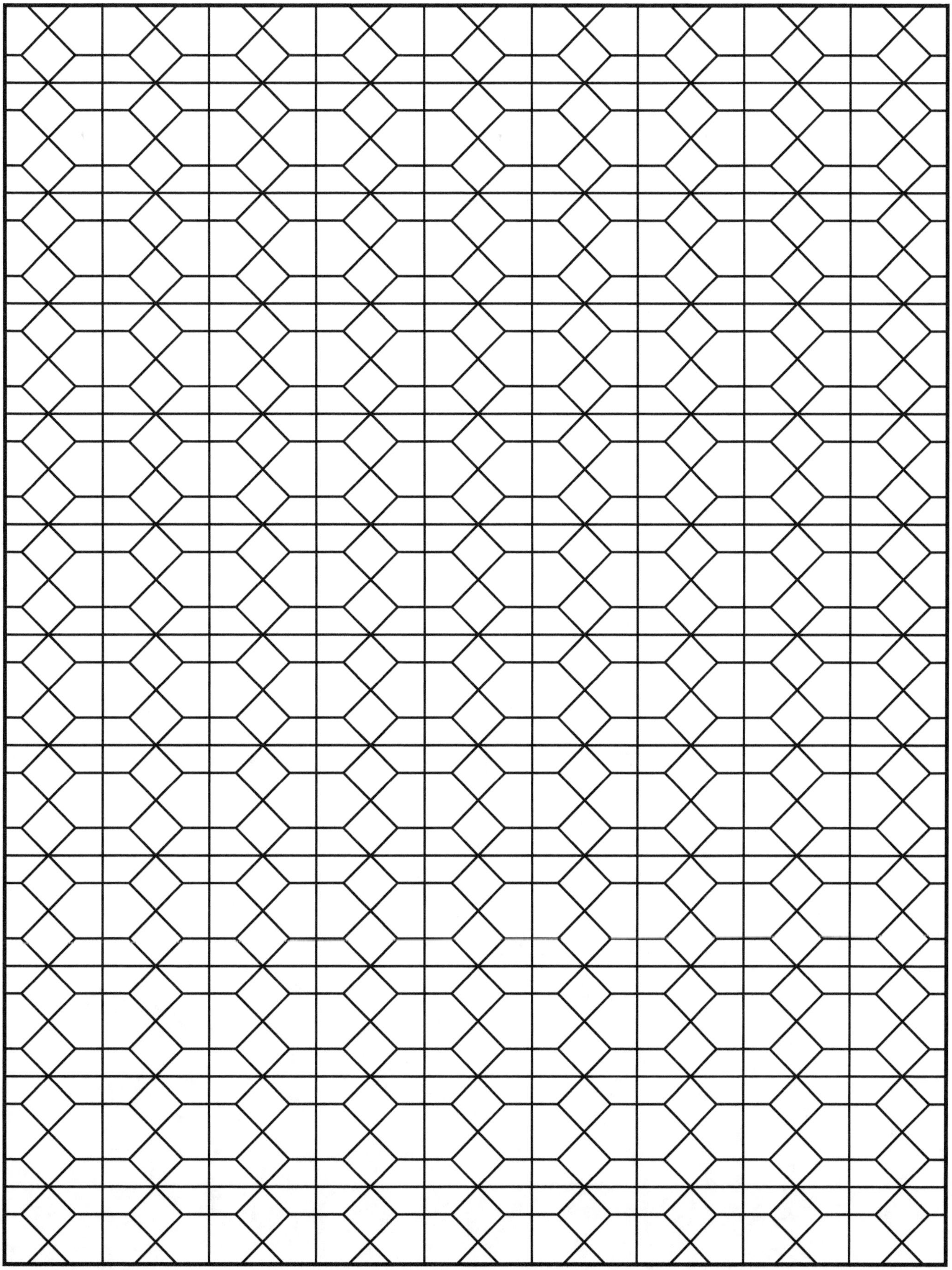

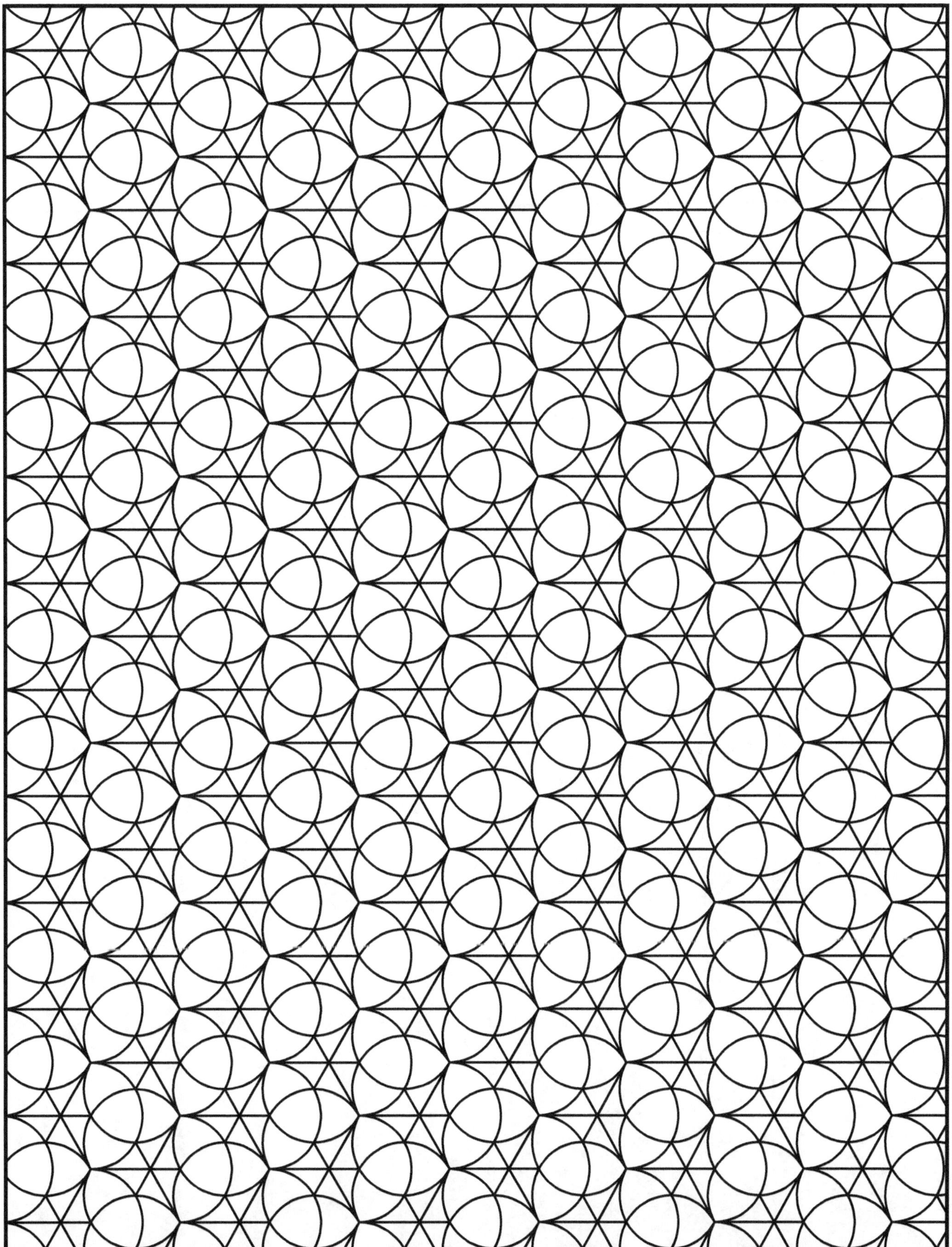

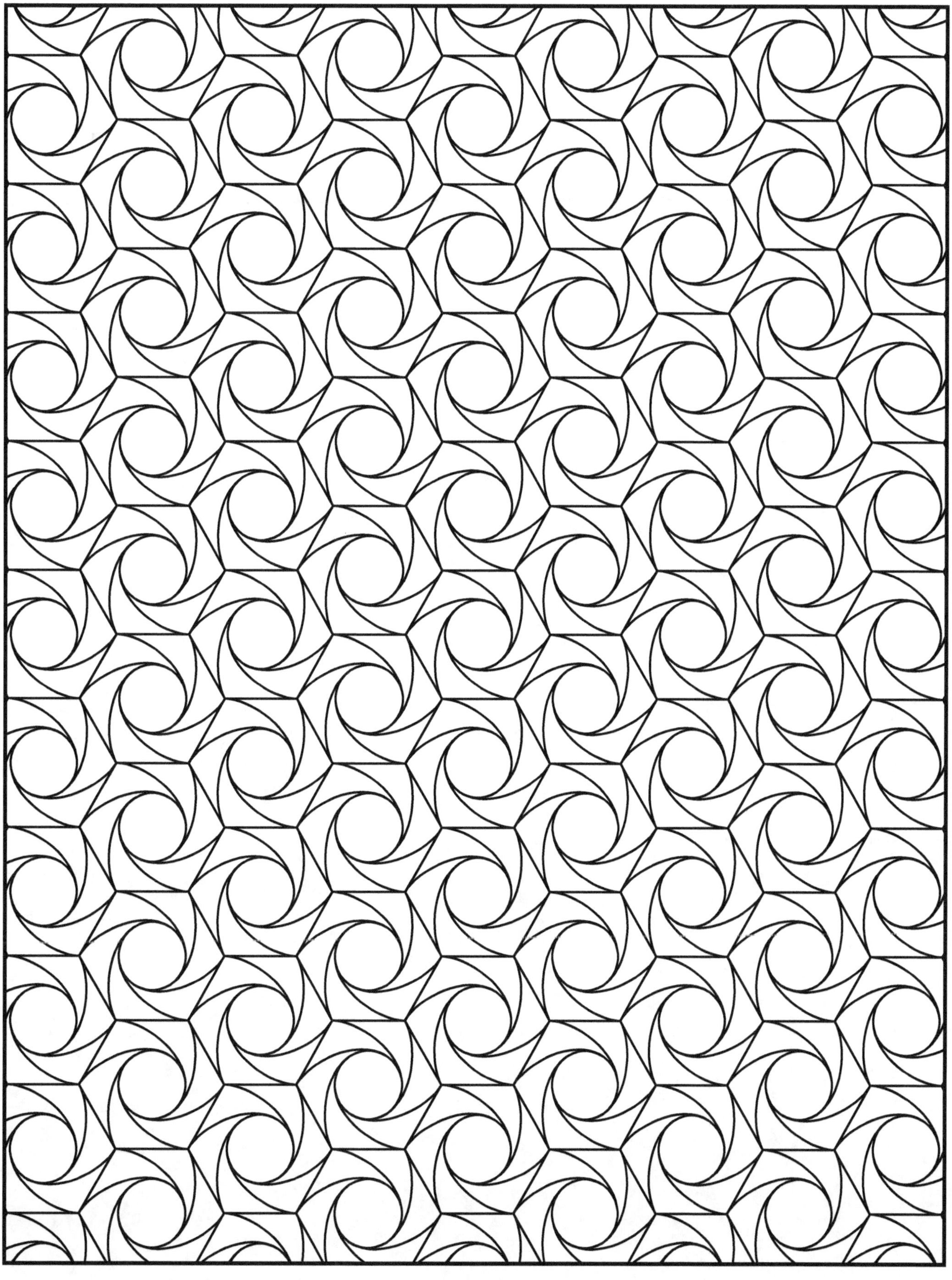

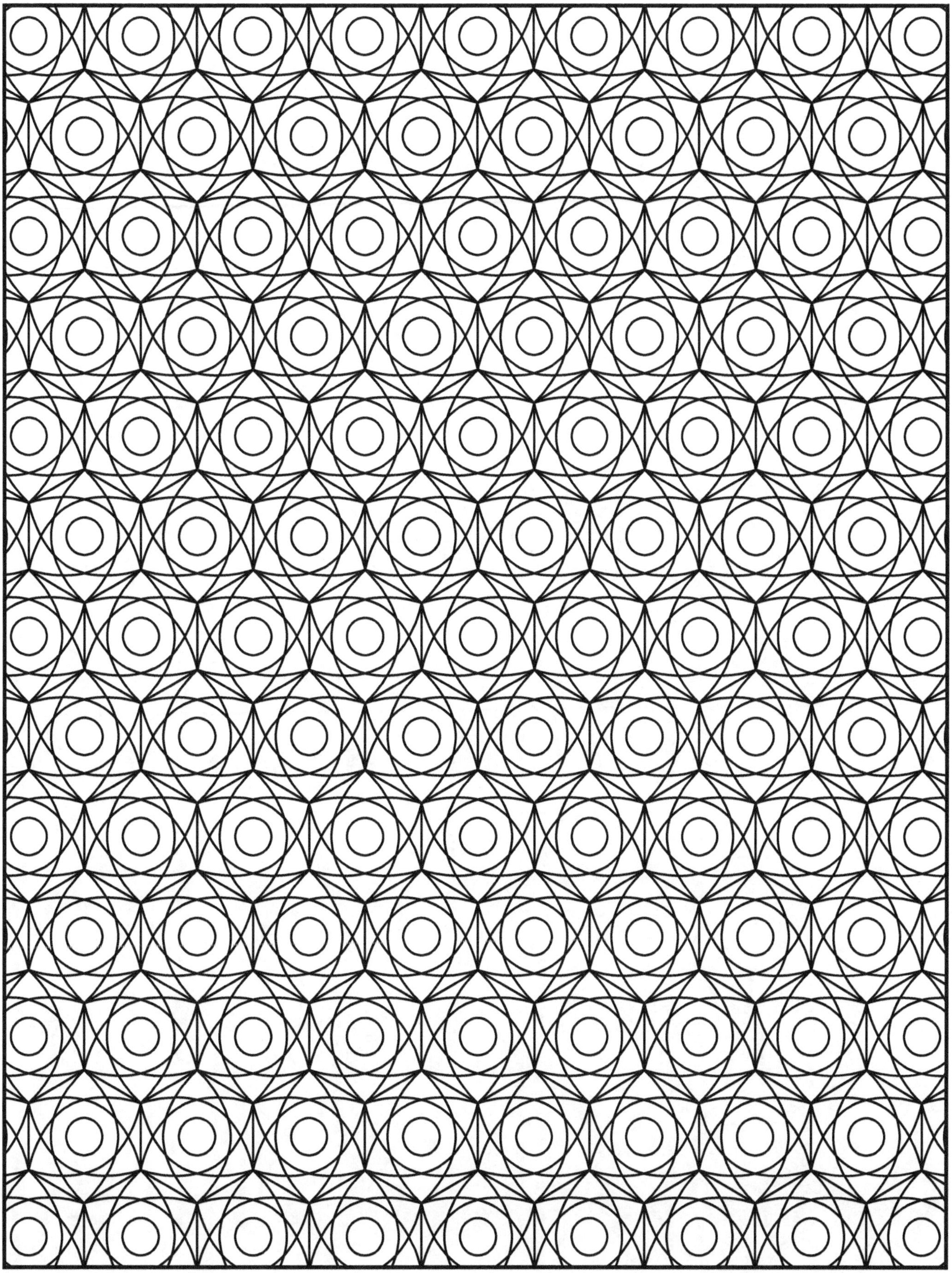

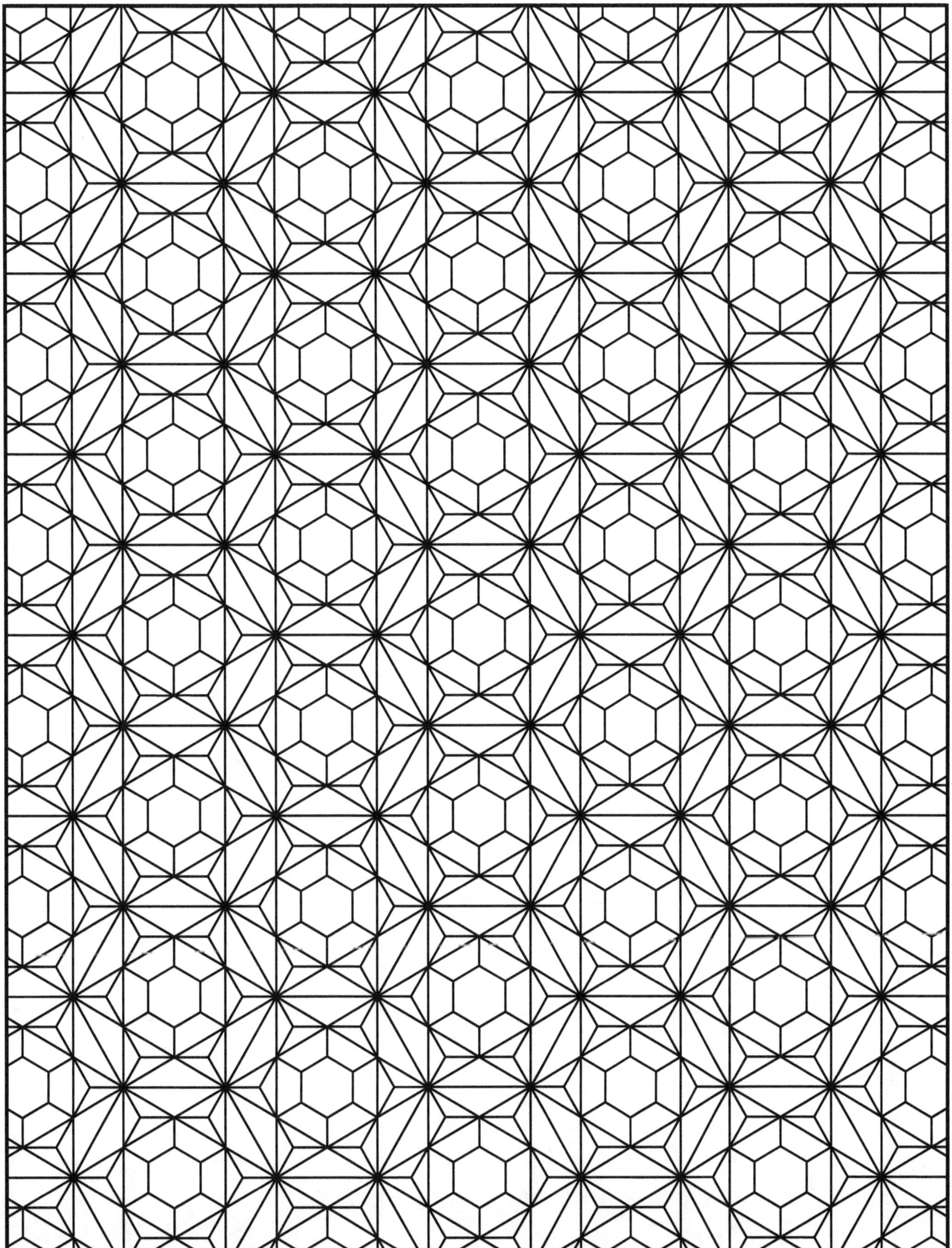

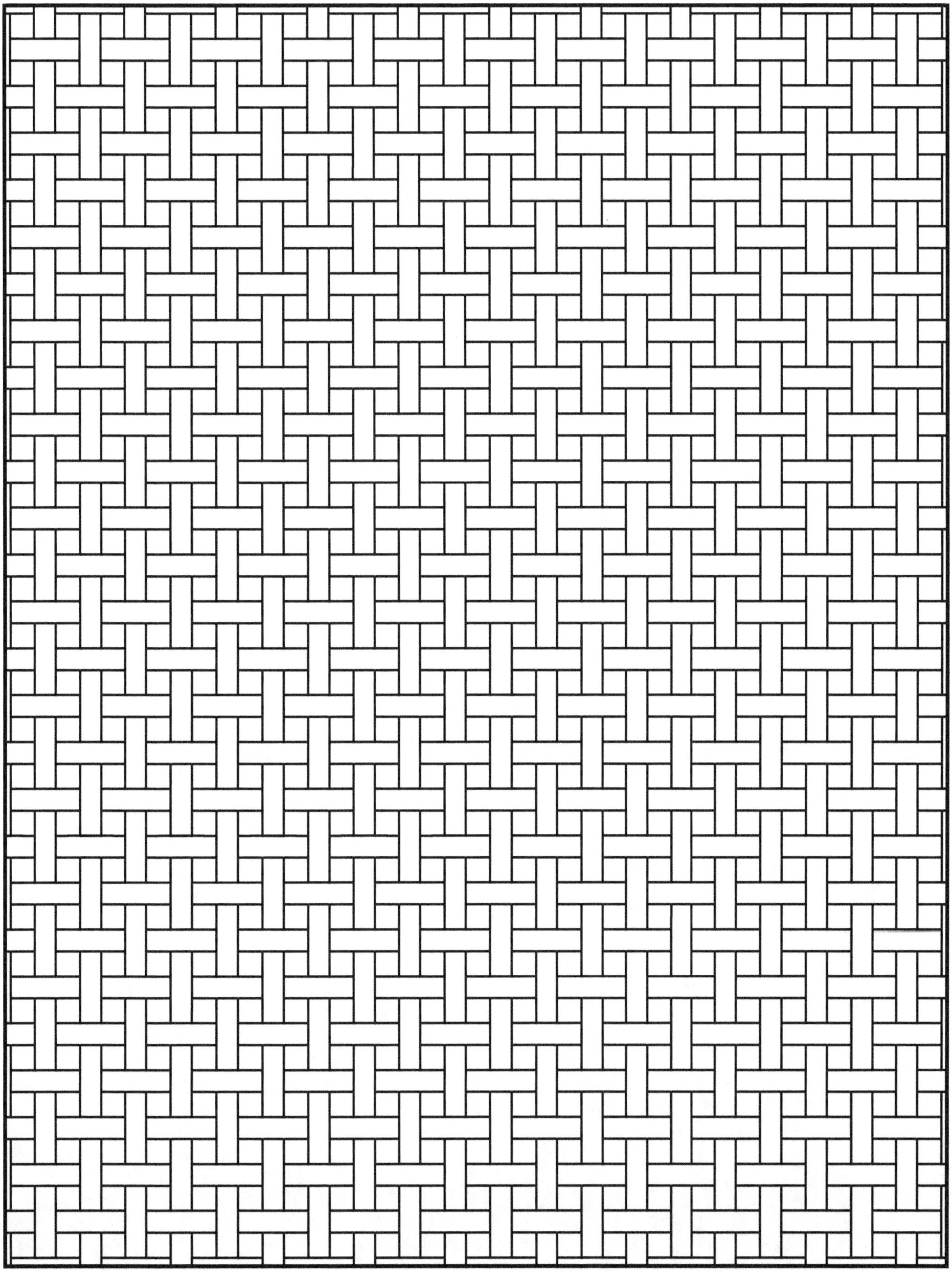

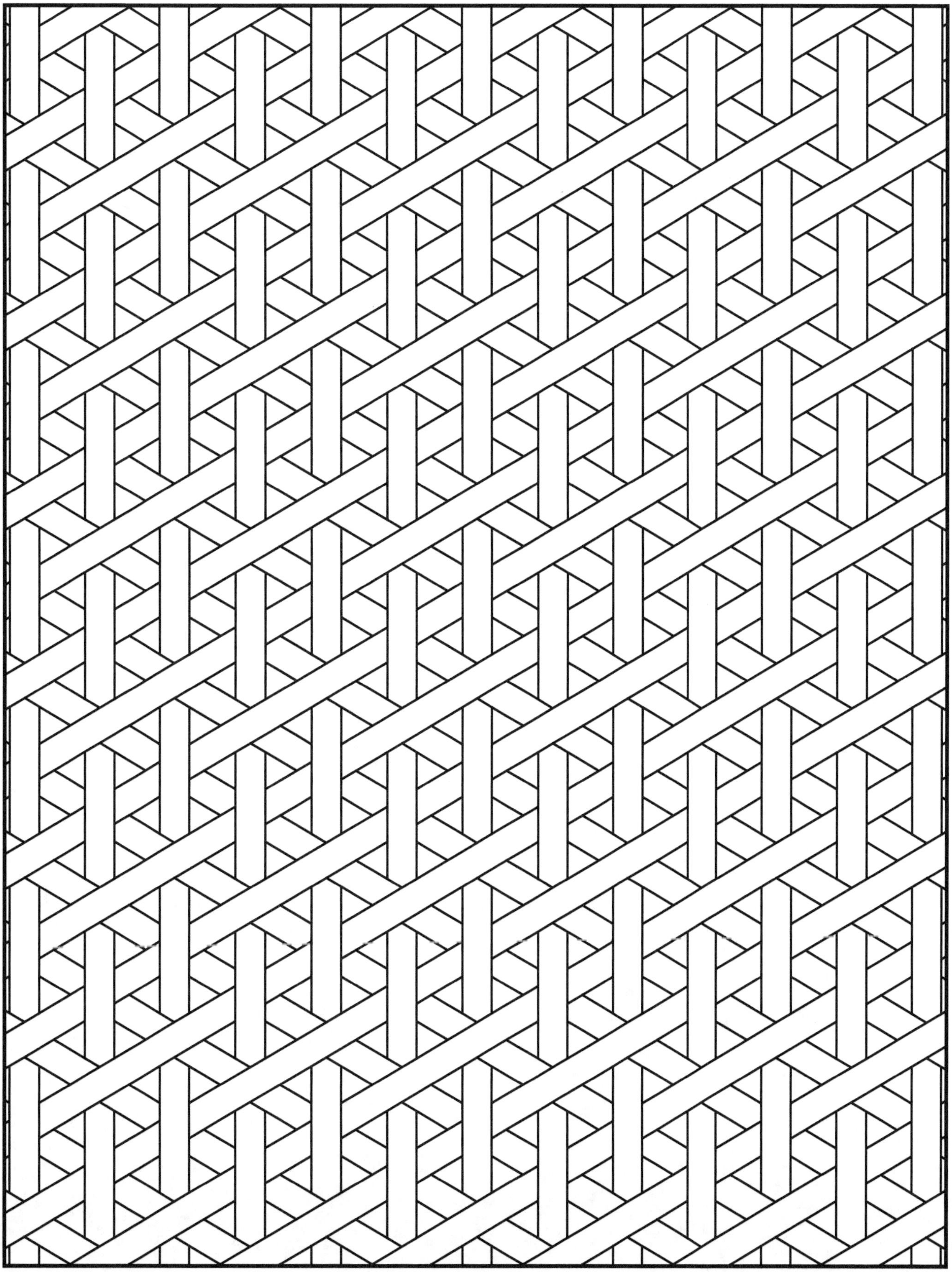

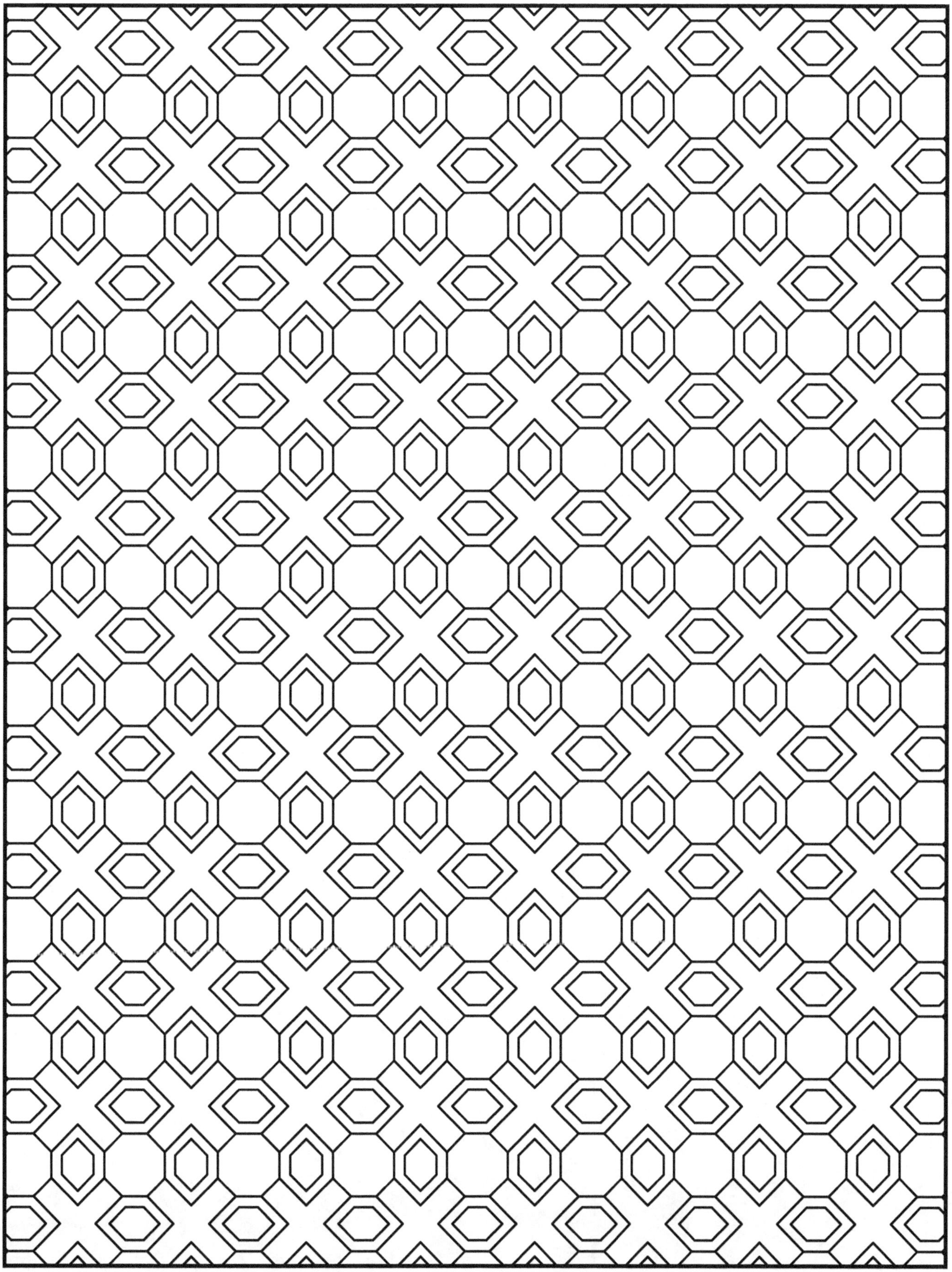

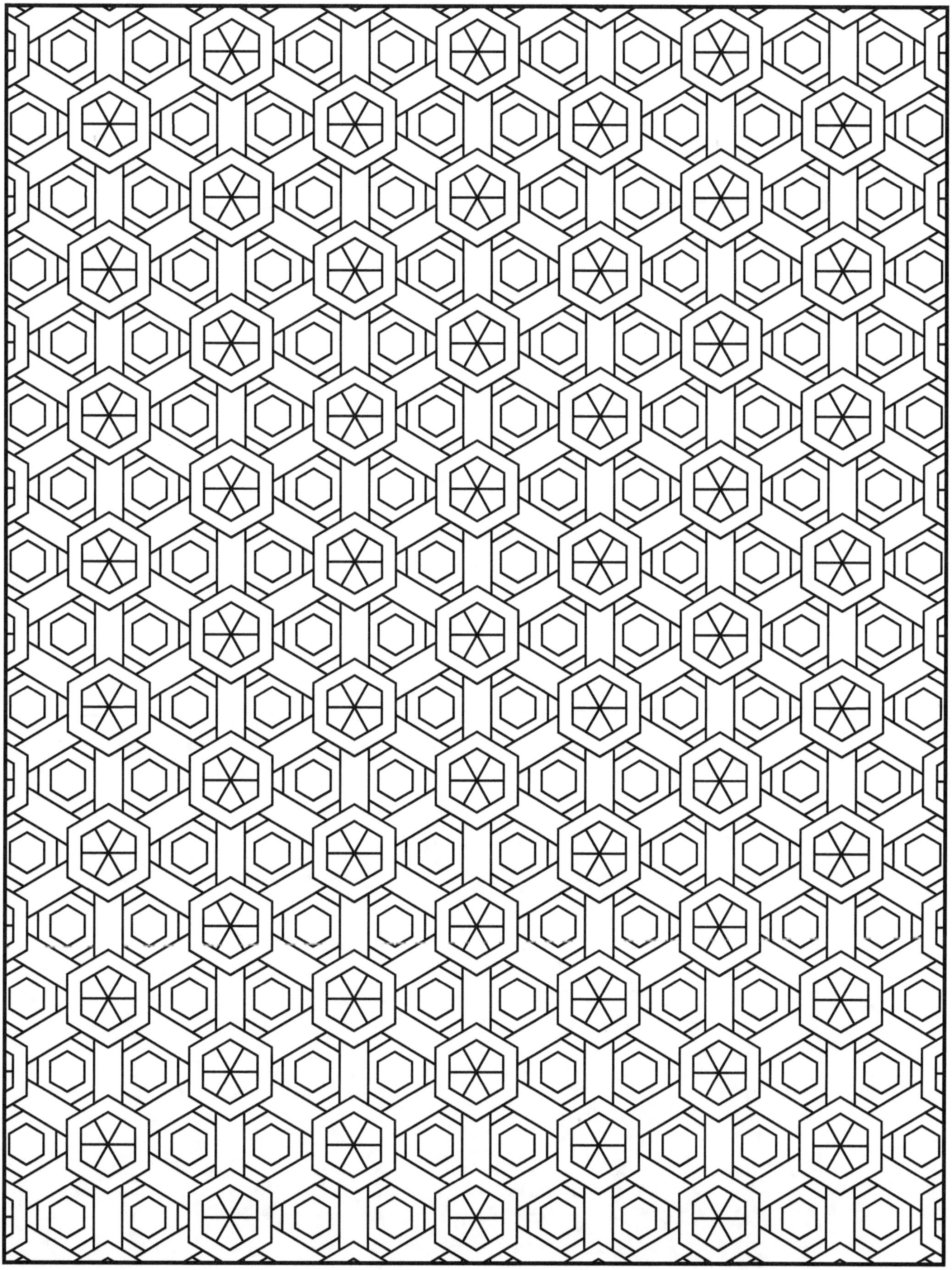

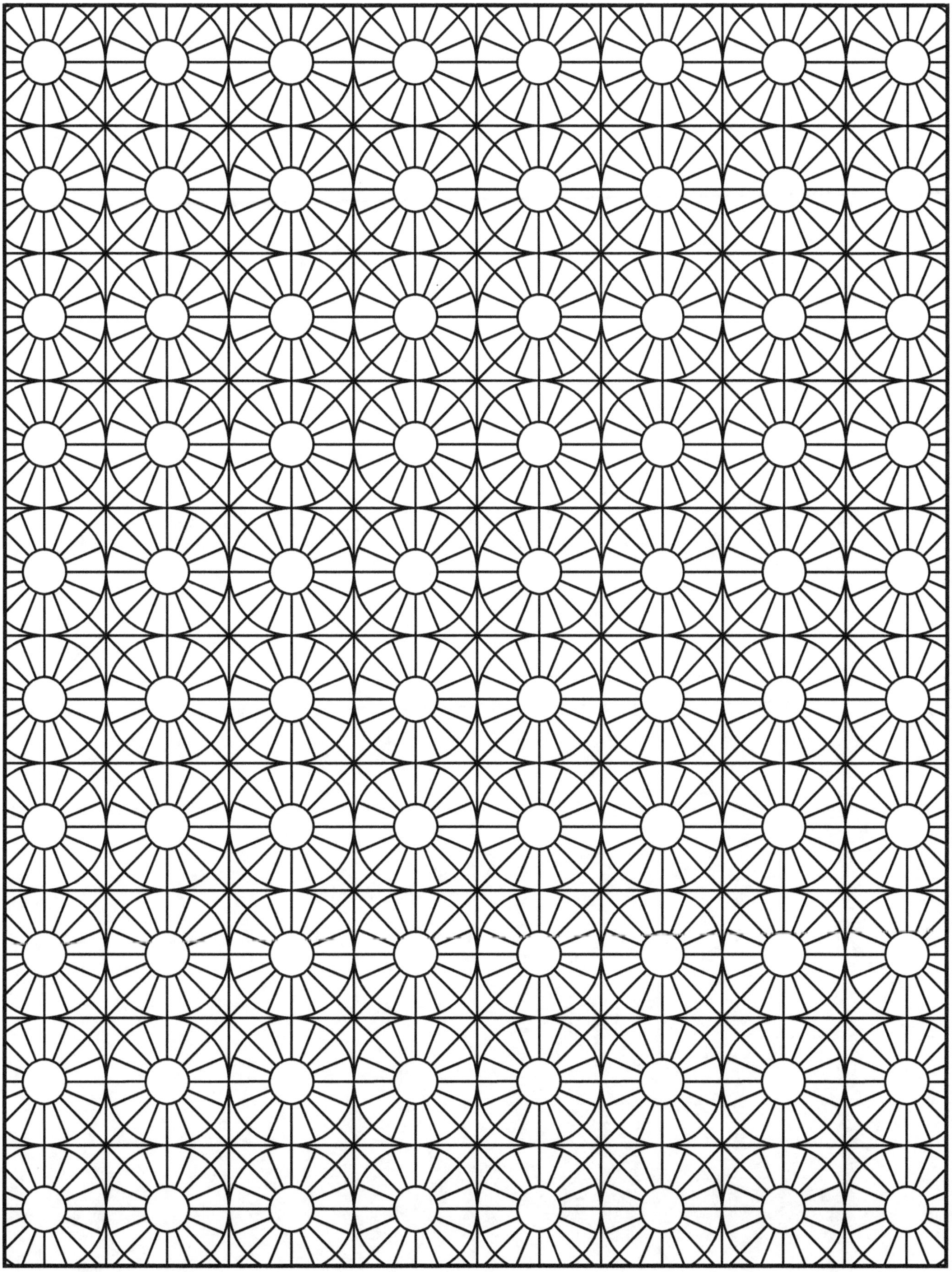

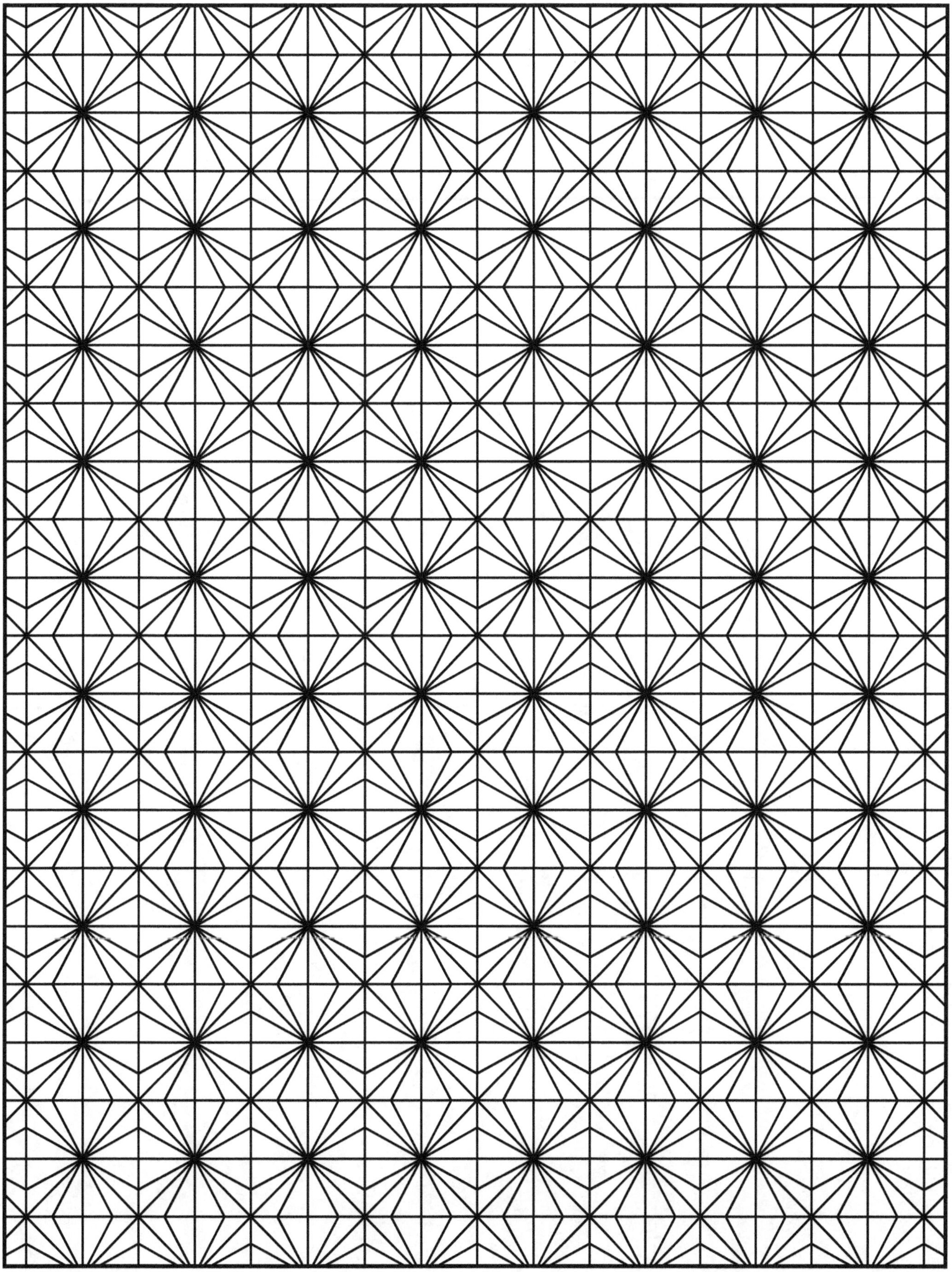

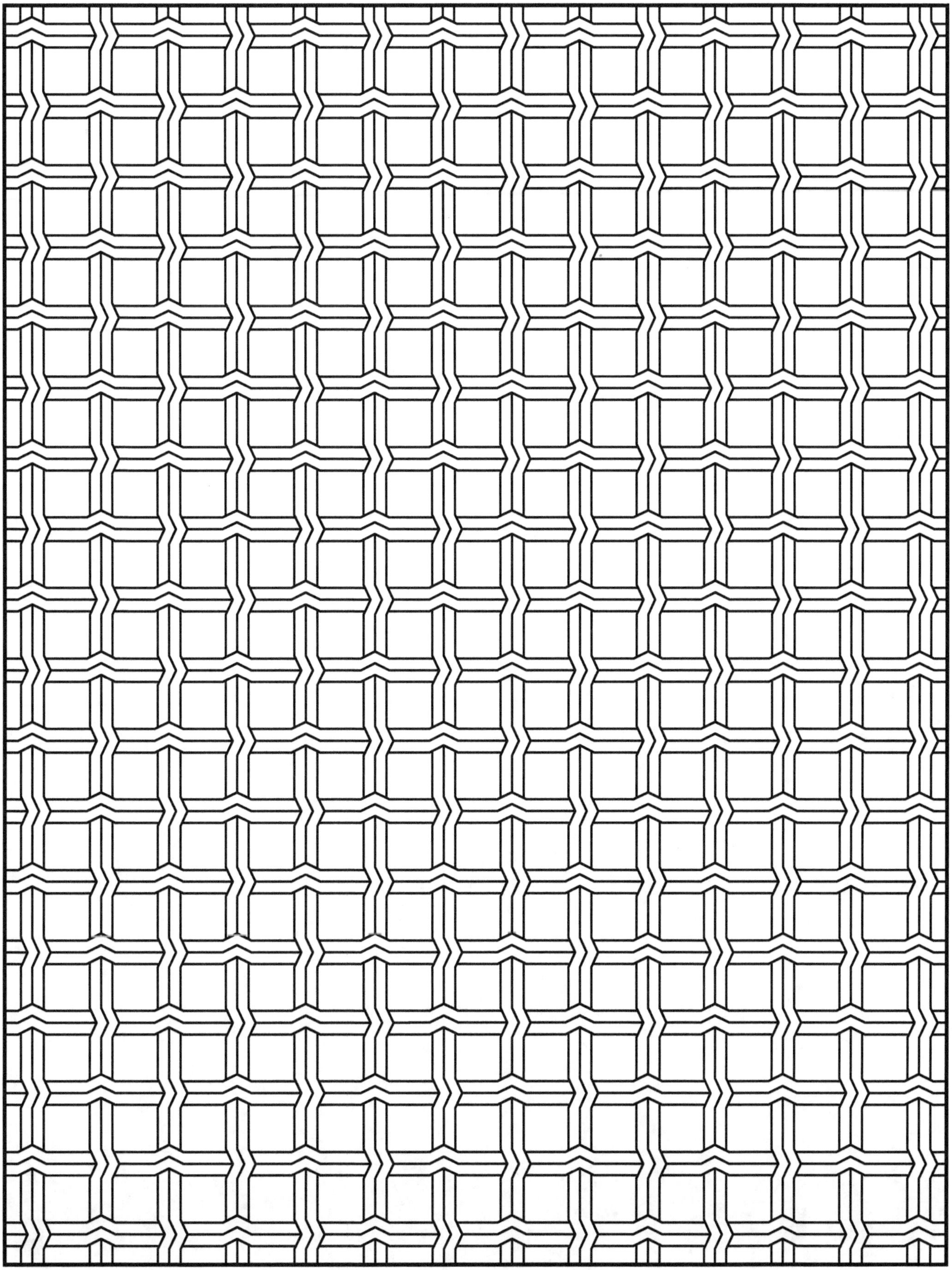

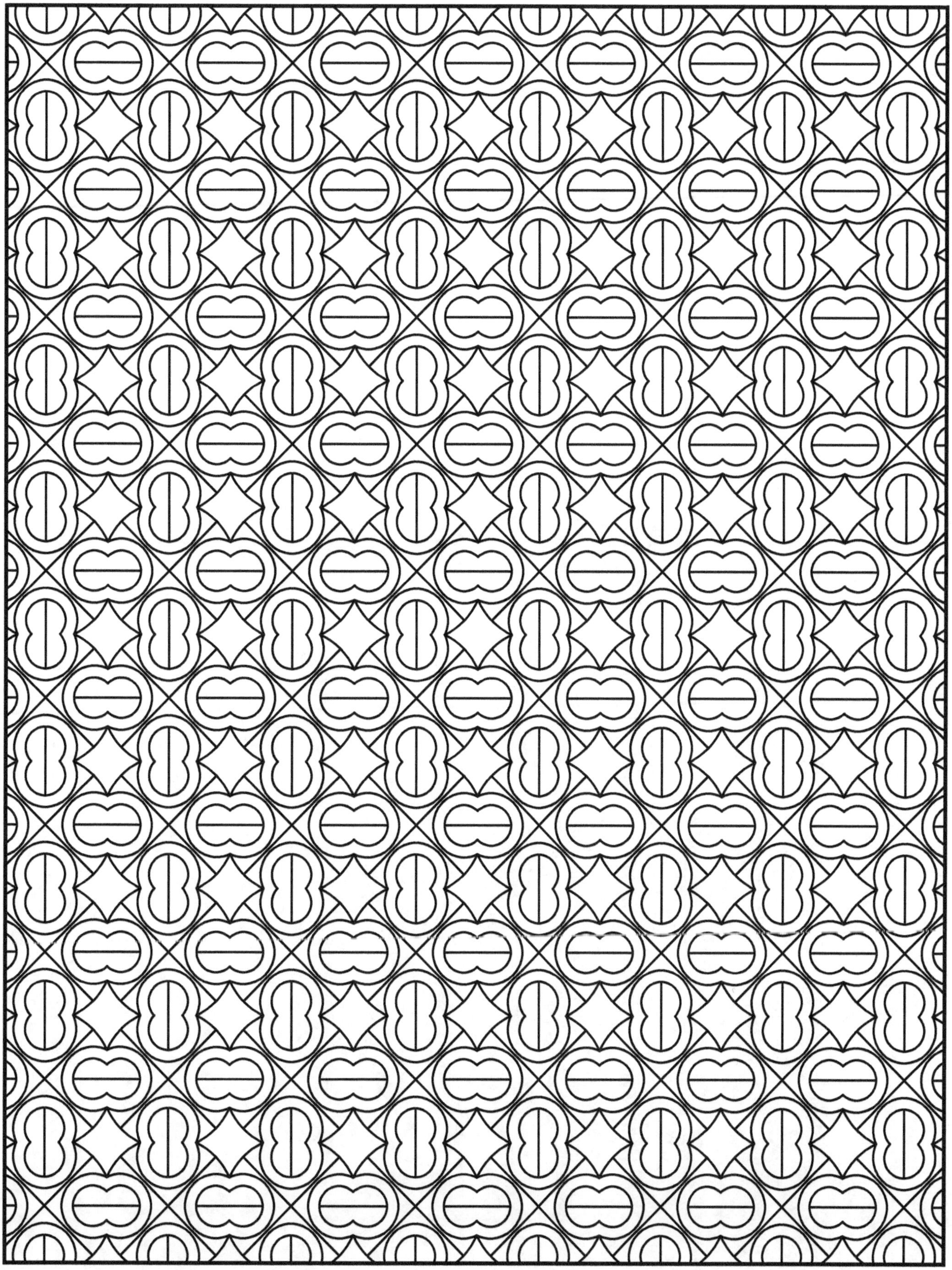

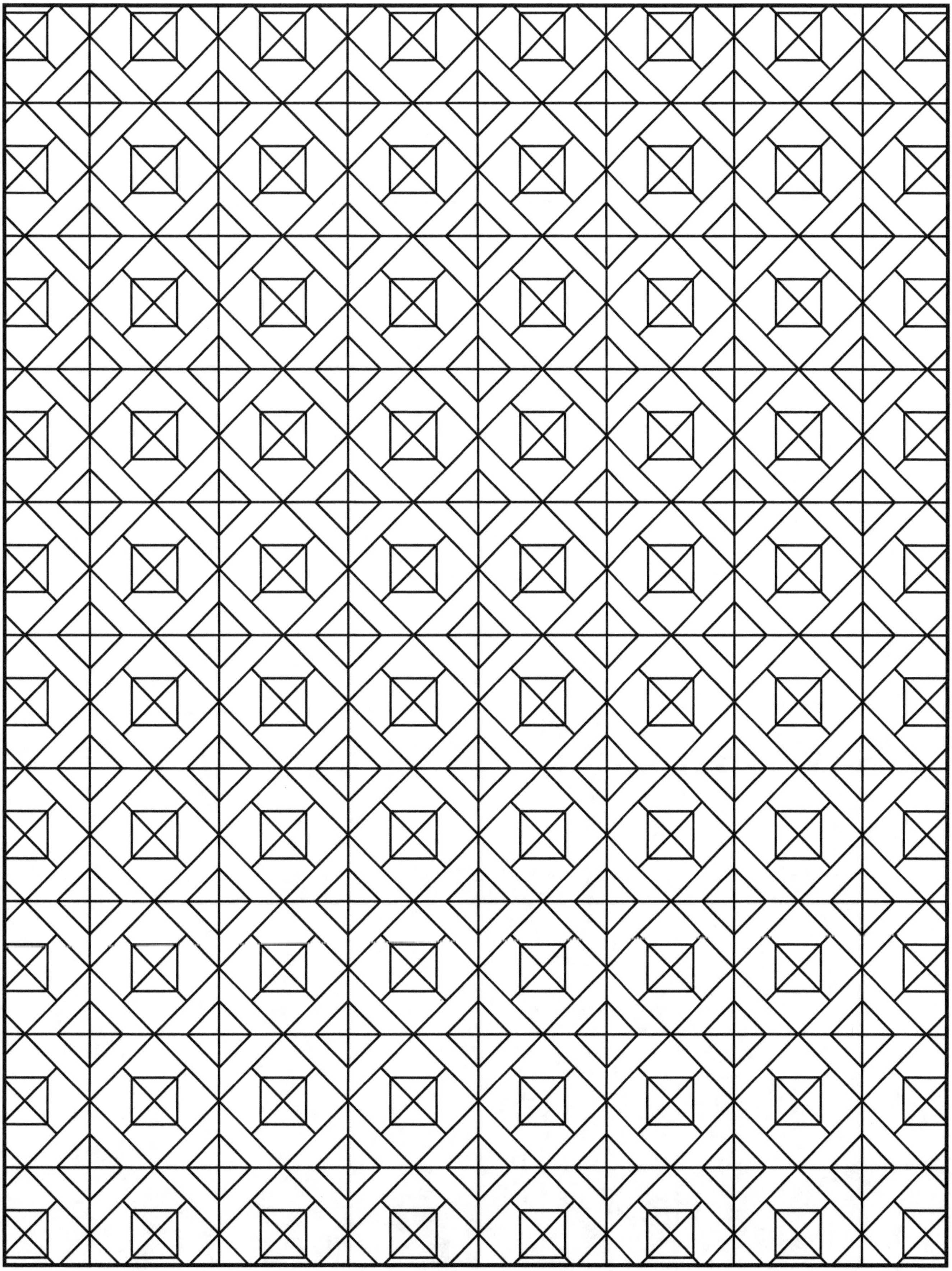

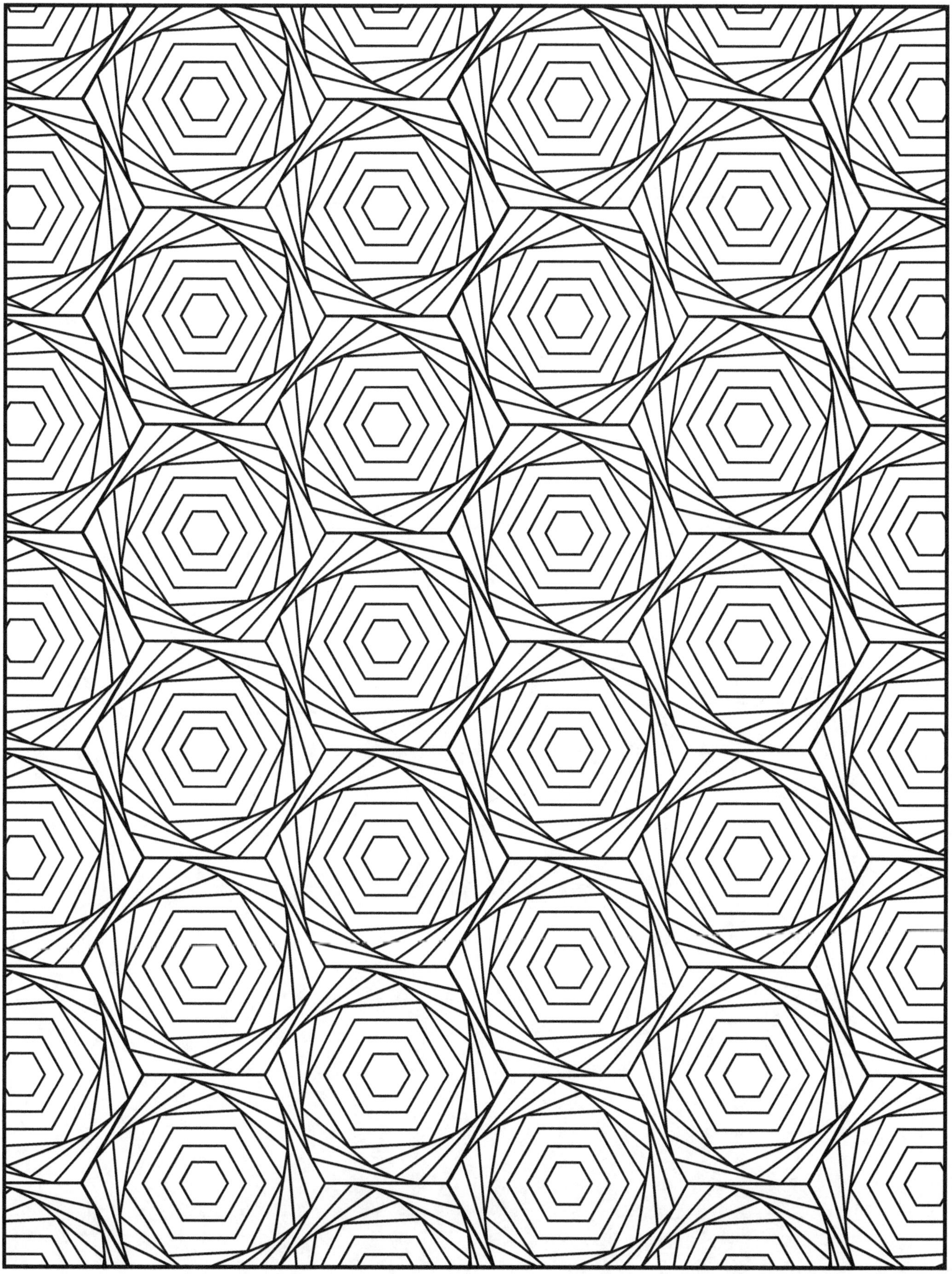

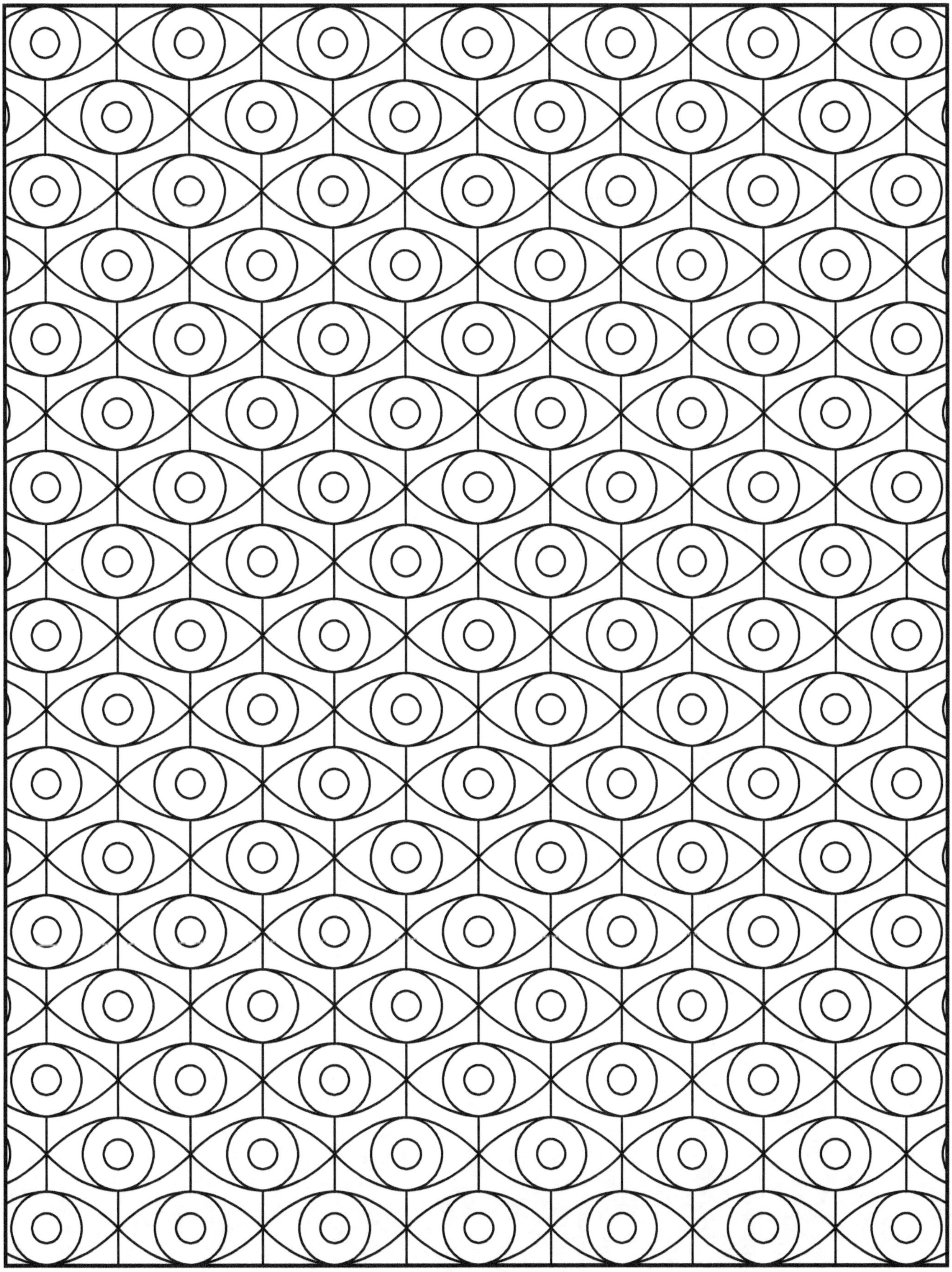

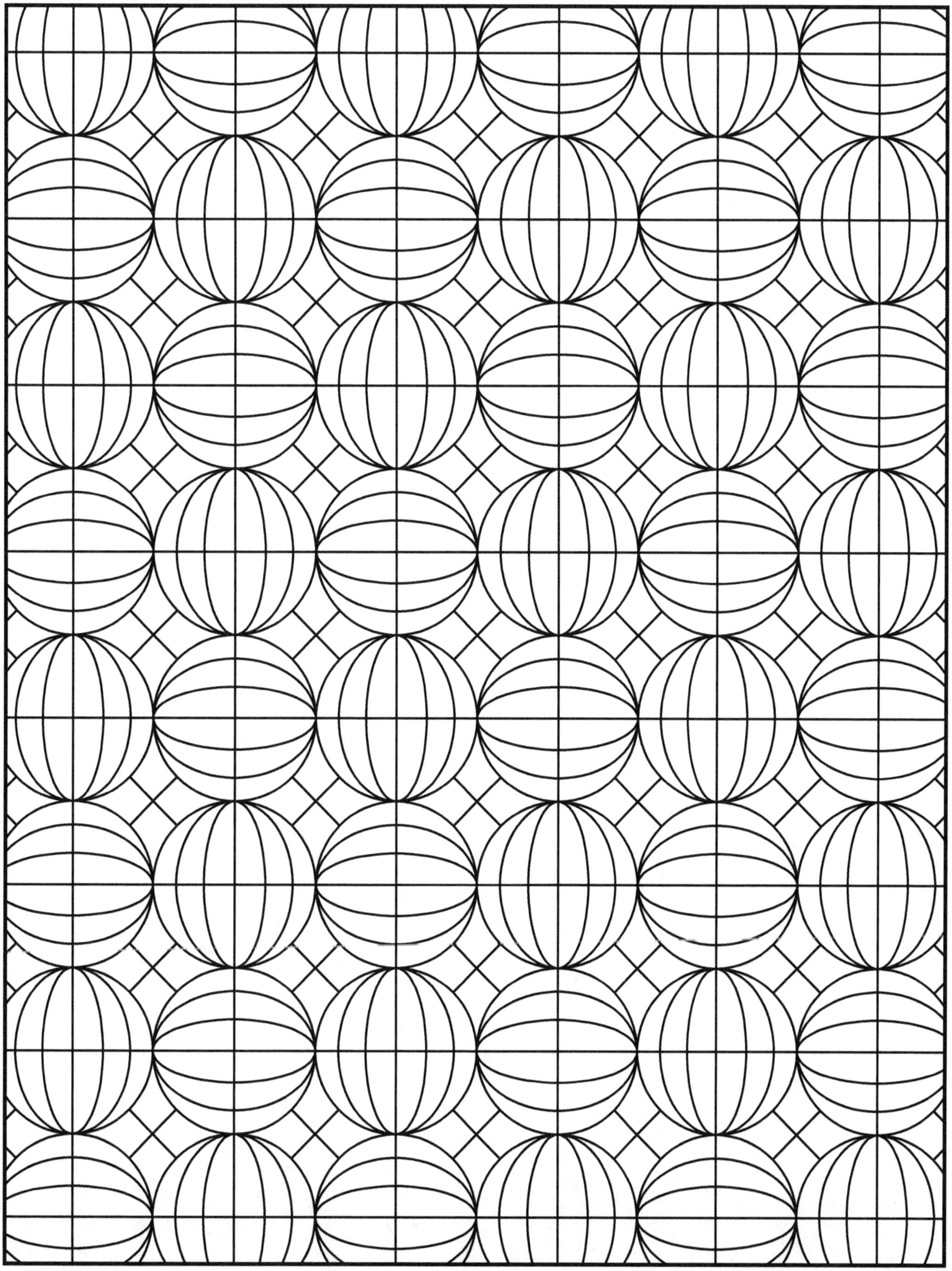

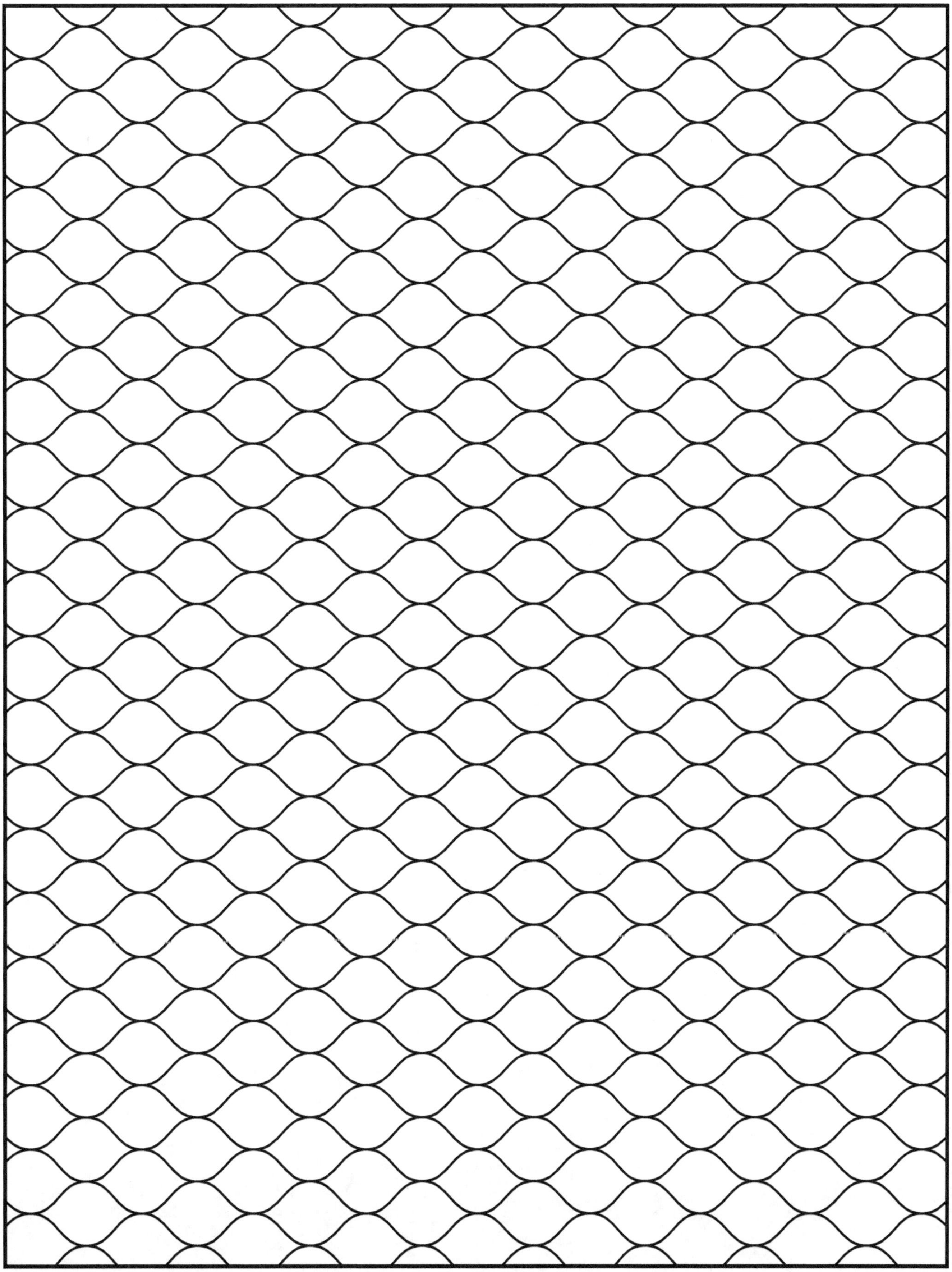

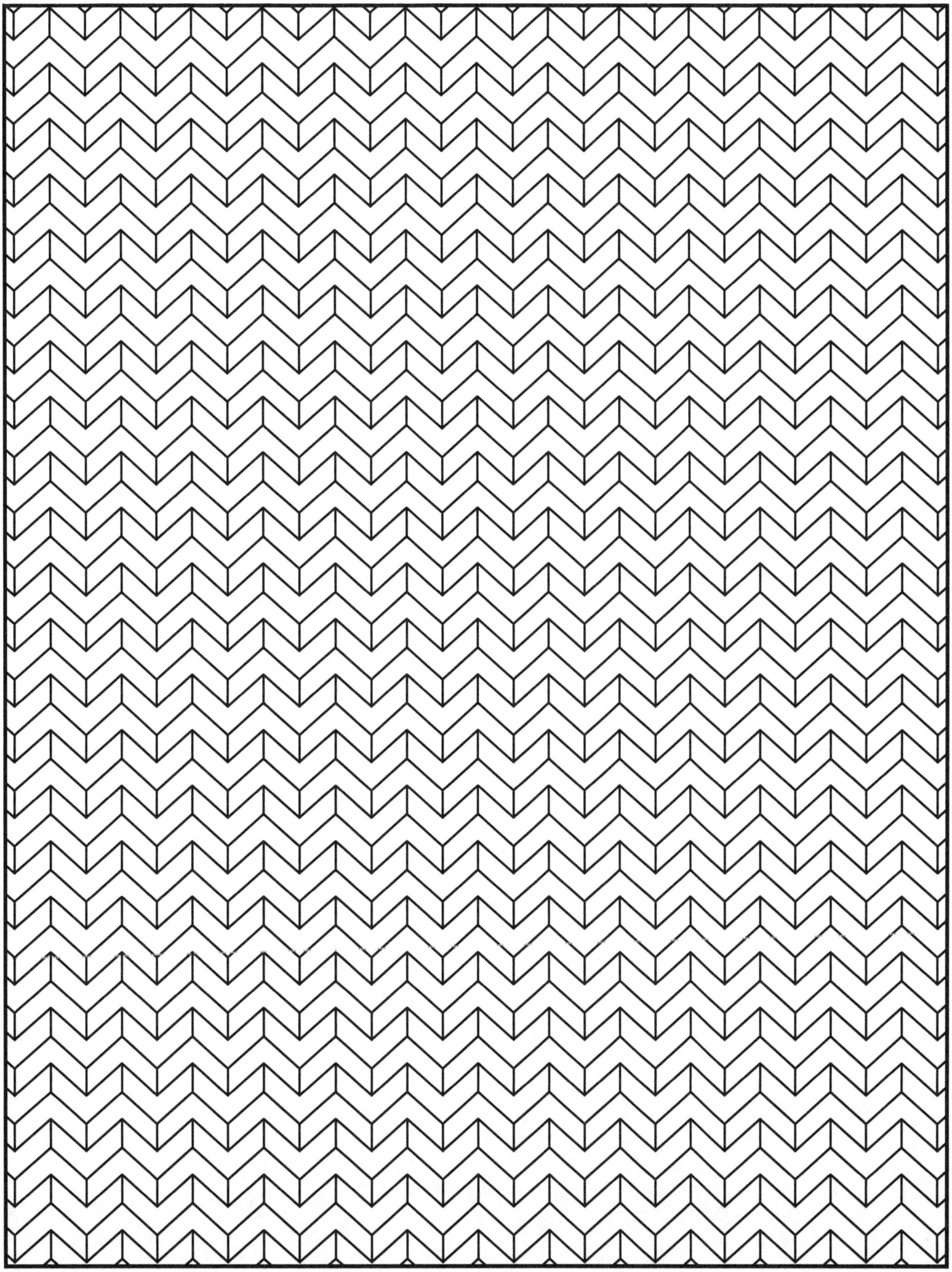

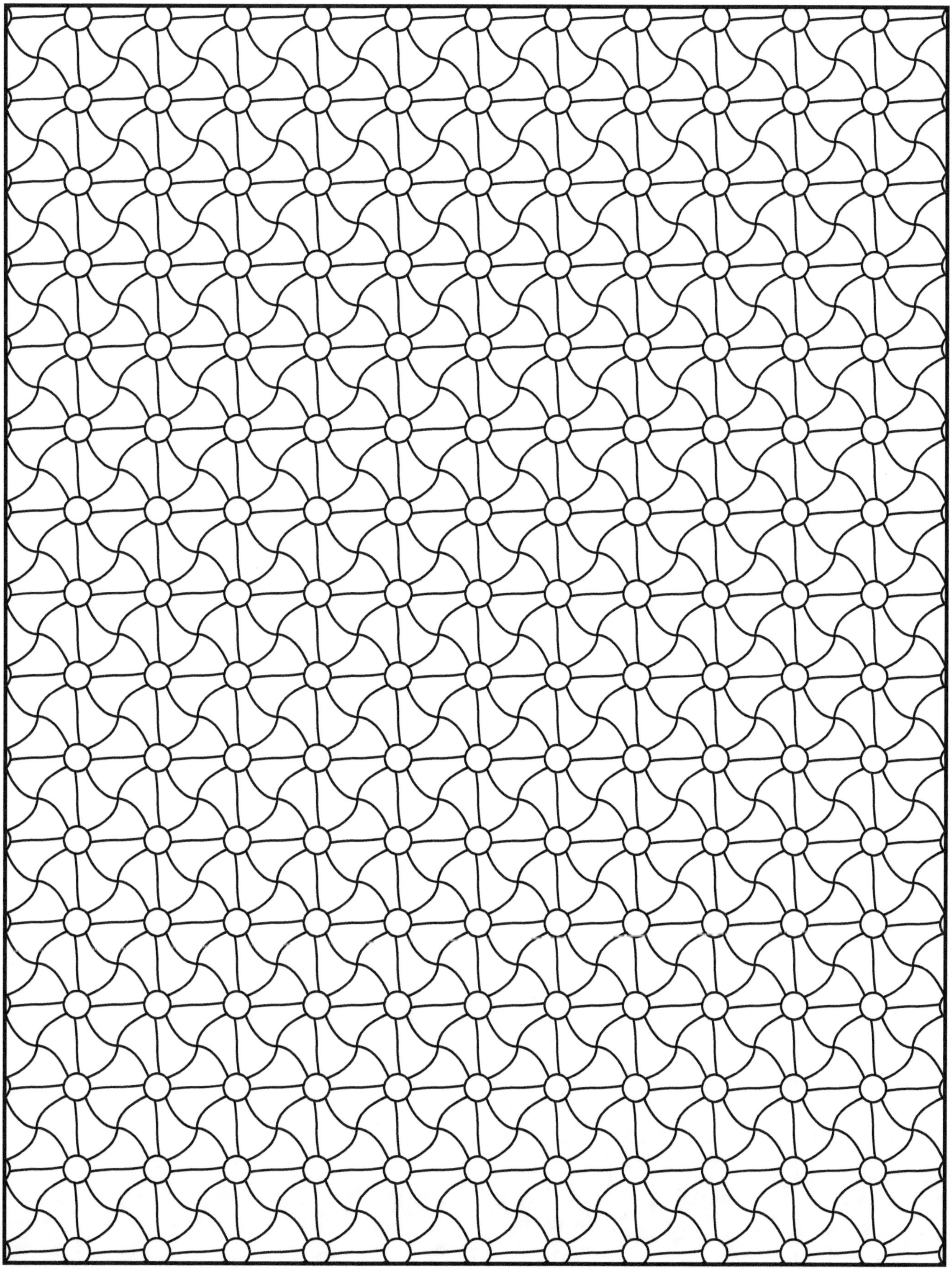

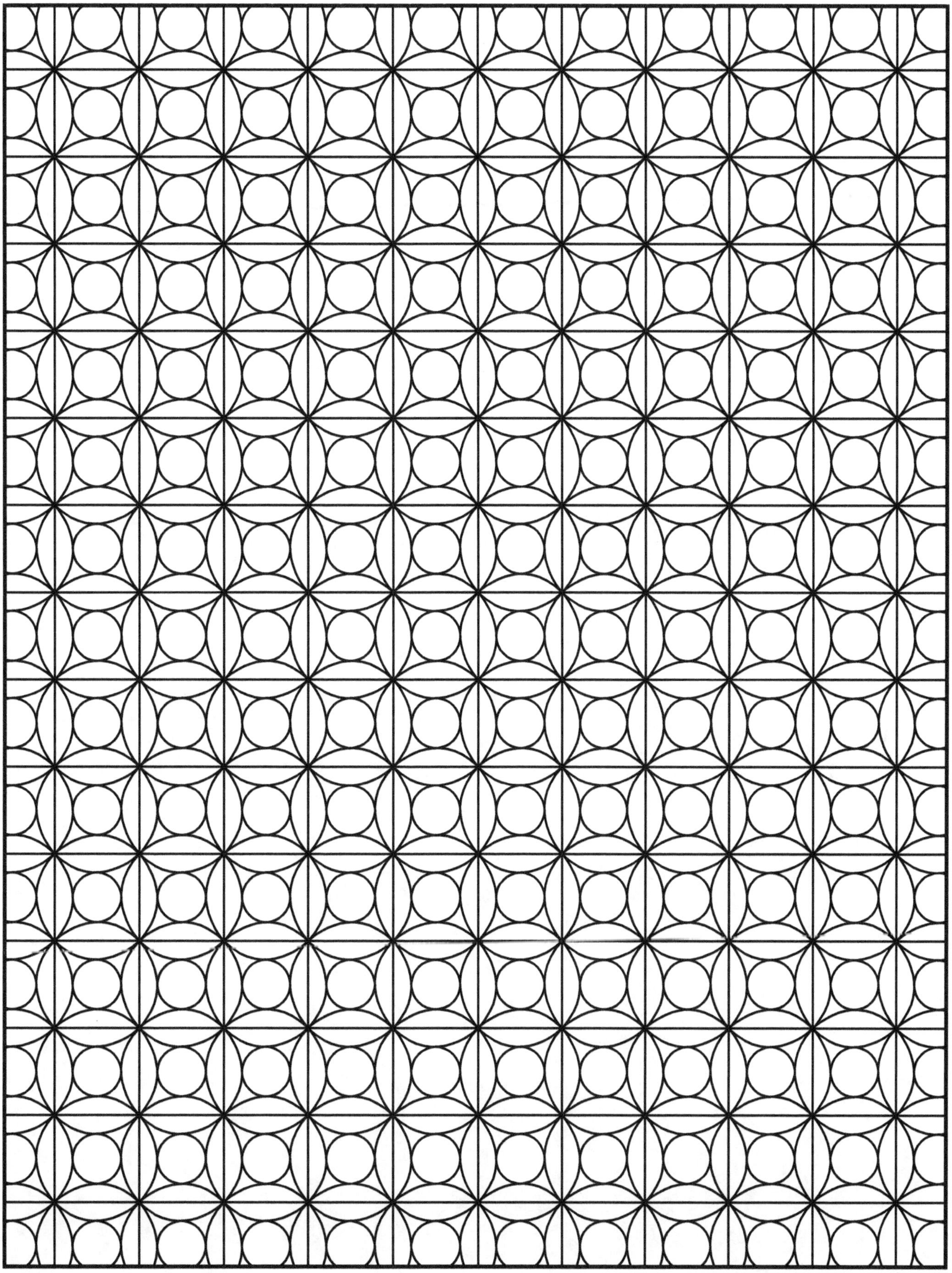

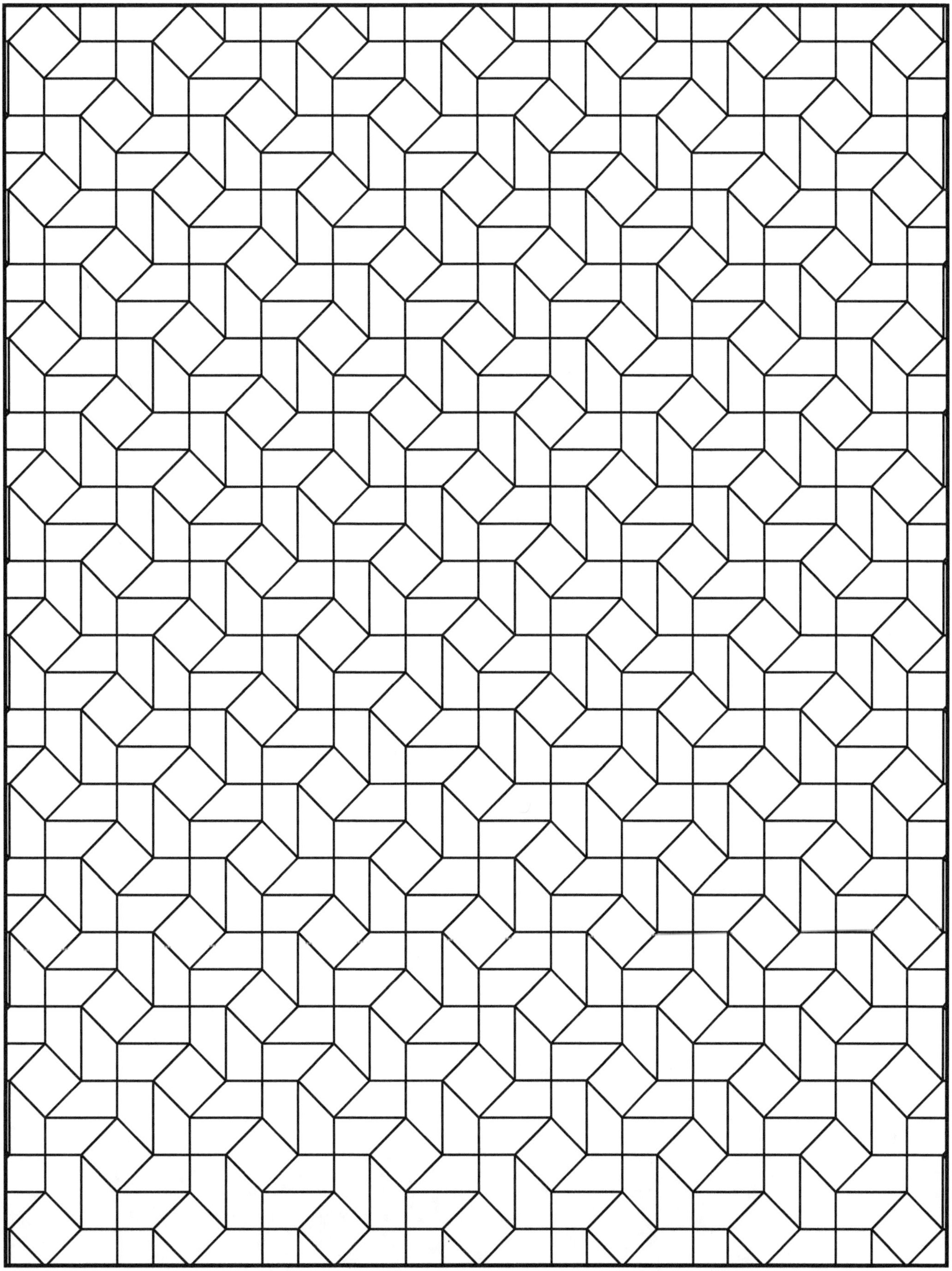

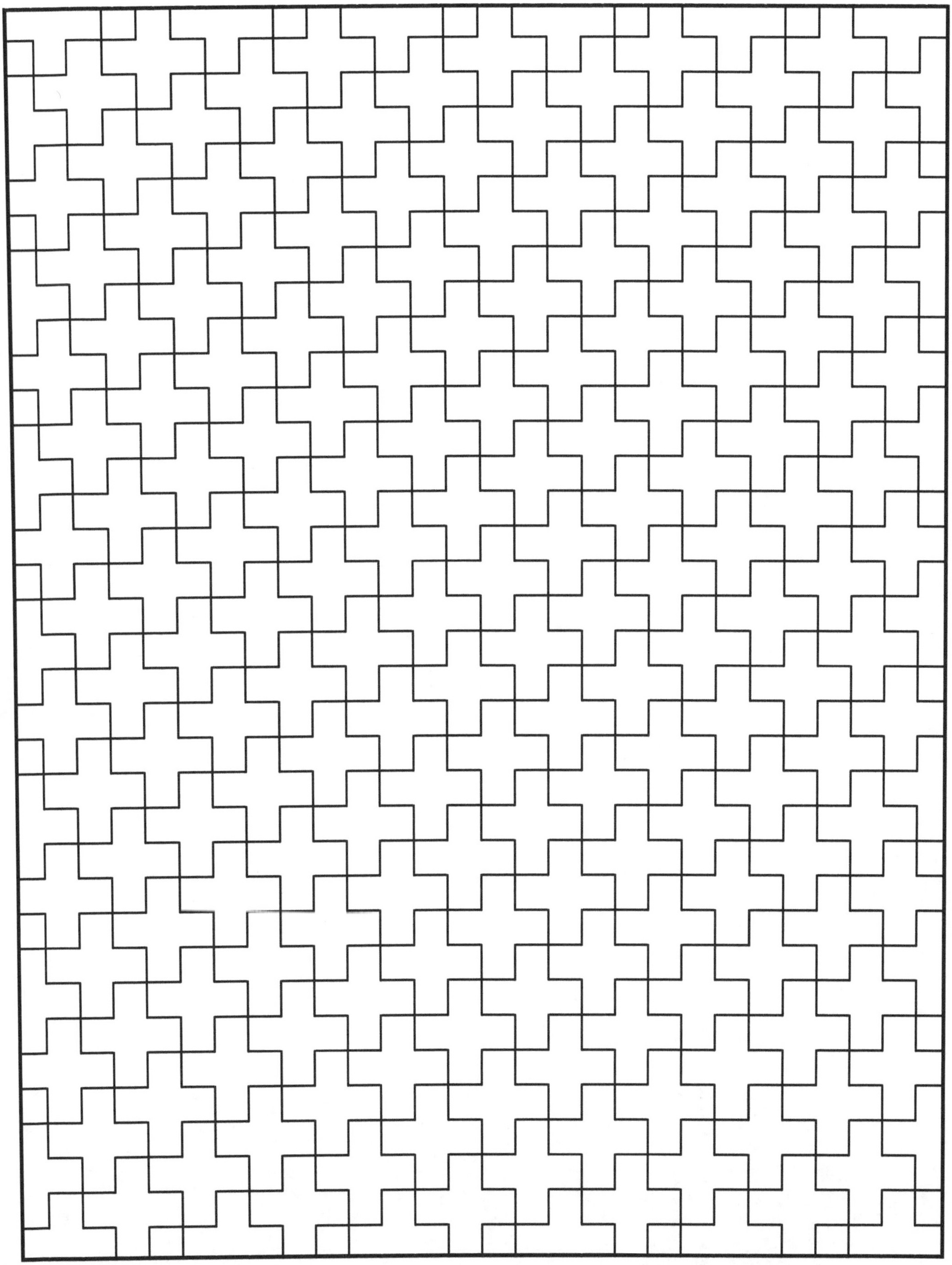

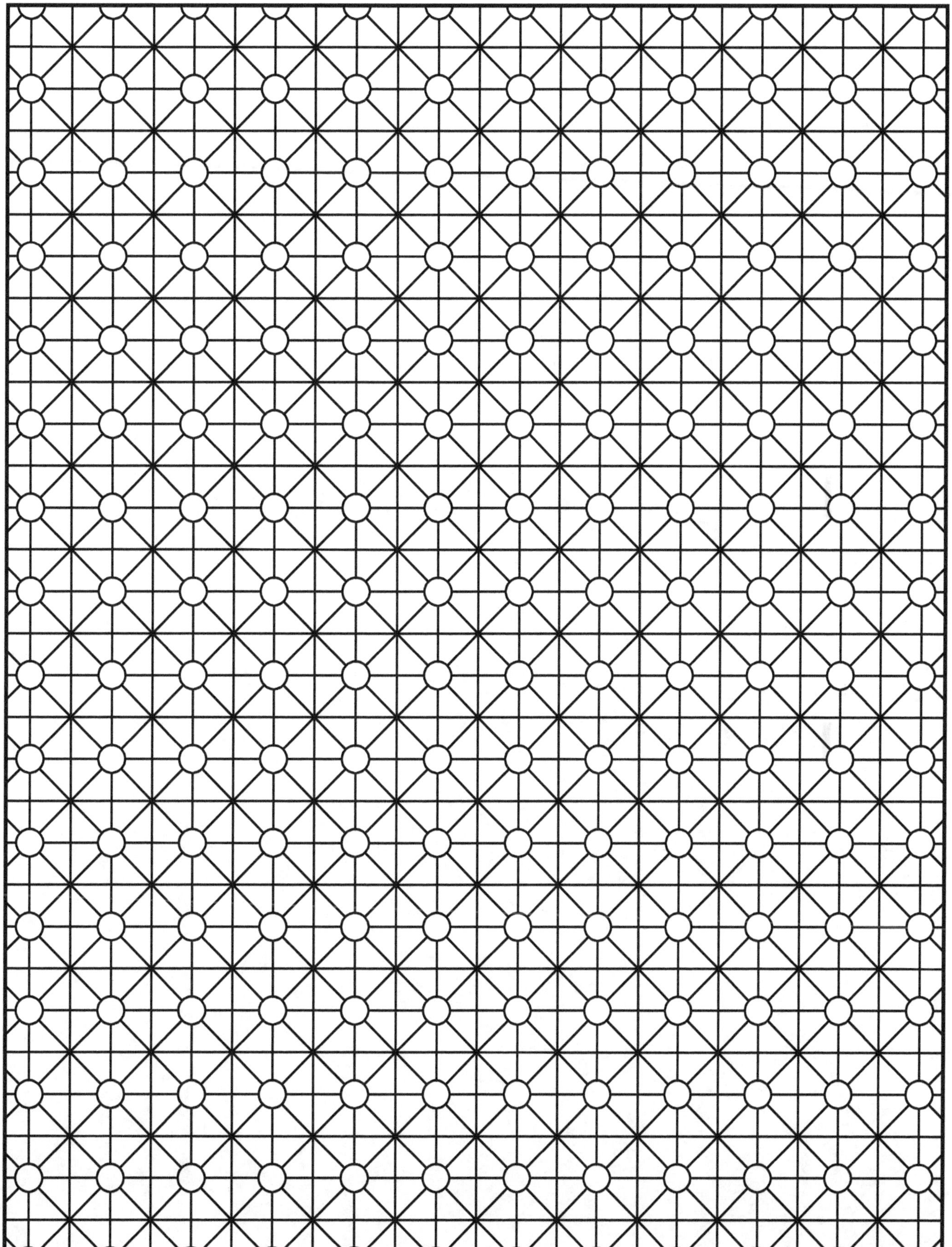

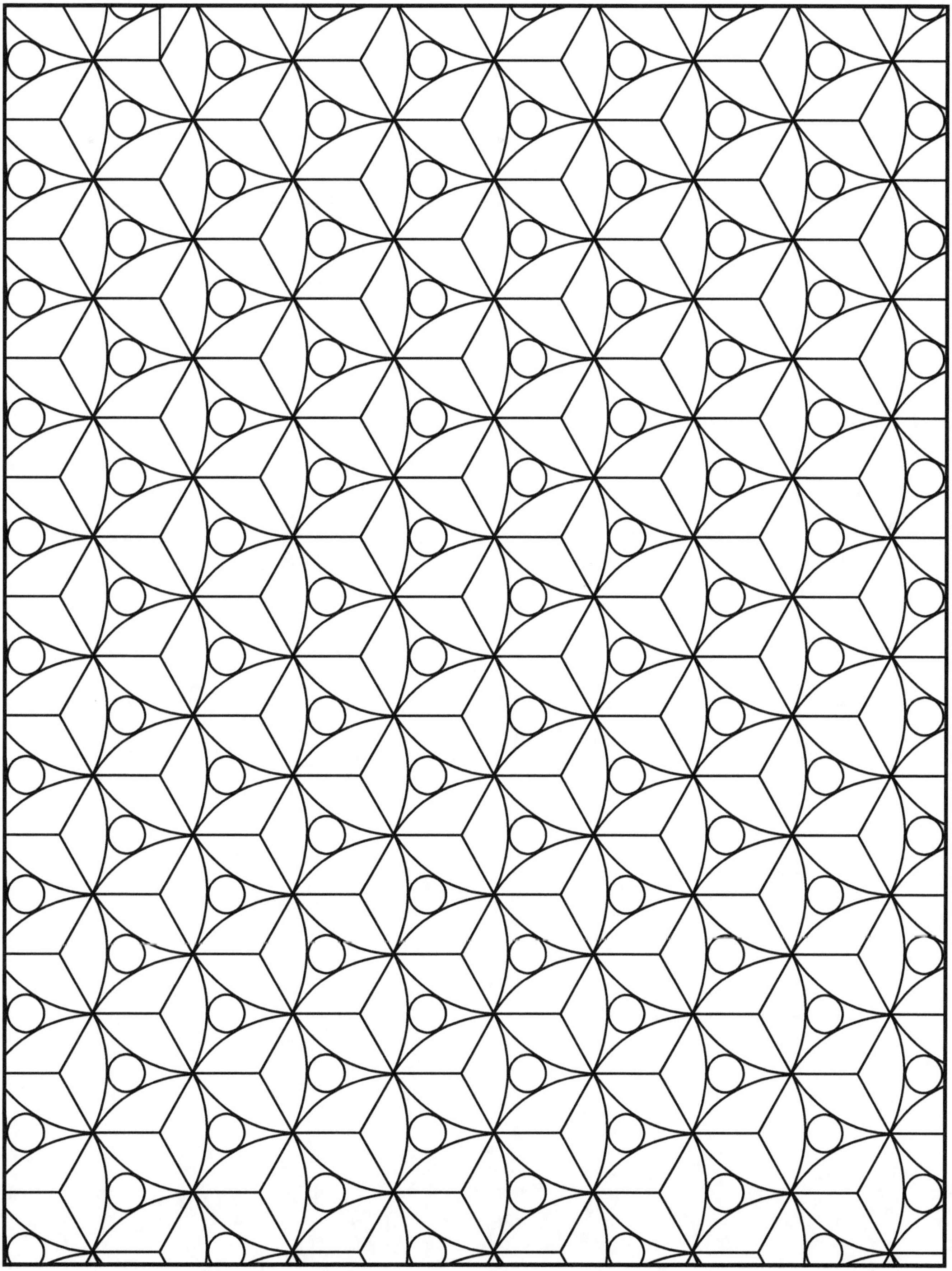

www.ingramcontent.com/pod-product-compliance
Lightning Source LLC
Chambersburg PA
CBHW080707190526
45169CB00006B/2280